会计综合 模拟实训

KUAIJI ZONGHE MONI SHIXUN

主　编／史　锐　邓先友
副主编／黄彩虹　吴保薇

全 国 百 佳 图 书 出 版 单 位
 时代出版传媒股份有限公司
安徽人民出版社

前　　言

　　《会计综合模拟实训》是一门融会计理论与实务为一体,以培养学生专业技能为宗旨的必修实践课。为满足高等学校会计专业实践教学的需要,培养应用型会计工作人才,我们组织了一批经验丰富、长期从事会计理论教学和会计模拟实验教学的优秀教师,在总结会计教学实践经验的基础上,依据《企业会计准则(2006)》编写了《会计综合模拟实训》一书。其目的是培养学生综合运用会计理论与方法,独立进行会计核算的实际操作技能和综合分析能力,从而填补学生会计实践经验的空白,为学生毕业走上工作岗位、缩短"适应期"并胜任工作打下坚实的基础。

　　本教材依据《企业会计准则(2006)》设计了相应的业务内容,体现企业会计准则的变革对企业会计核算的影响,强调以会计实务操作为主,理论联系实际,循序渐进,通俗易懂,从而达到学以致用的目的。本书主要特点有三:

　　1. 操作性

　　本教材以制造企业为例,提供了模拟企业一个月的经济交易与事项,将各种典型的经济业务集中在一个月内处理,要求学生必须进行手工账务操作,强调账务处理的过程教学,便于学生系统掌握从建账、填制凭证、登账到报表填列的一整套账务处理流程,从而培养其会计实践能力。

　　2. 仿真性

　　本教材中所选取的所有原始凭证和账表资料,都是编者在进行社会调查的基础上,根据真实的原始资料进行加工、整理设计而成的,具有高度的仿真性。

　　3. 综合性

　　本教材针对制造企业设计的经济业务比较全面,包括采购、生产、销售、筹资、投资、利润分配、纳税等业务,内容完整系统,与实际工作一致。在账务处理上要求较高,不仅涉及日常的会计处理和期末账项调整,而且突出成本核算,引入纳税申报,综合性较强。

　　本教材是在安徽广播电视大学全体会计教师多年实践教学的基础上,经过不断修改完善而形成的。本教材由史锐、邓先友、黄彩虹、吴保薇编写,孙文明、彭洁流参与了部分资料的收集与整理工作。在本书的出版过程中,安徽广播电视大学各分校的会计教师提出了许多宝贵的意见和建议。在此,我们对大家的关心与支持致以诚挚的谢意!

　　由于诸多条件的限制,本书在会计模拟实训的业务规划及原始单据的设计上一定存在不足之处,恳请广大师生、读者不吝赐教,予以指正!

目　录

第一章　会计模拟实训概述

第一节　会计模拟实训活动的目的

会计模拟实训,是以一个模拟的企业一个月经济业务为对象,学生以一个会计的身份,使用仿真的会计凭证、会计账簿、会计报表,按规范化的会计核算要求,处理核算业务,并作出财务报告的教学活动。它要求参加会计模拟实训活动的学生从建账开始,经过填制与审核原始凭证,填制记账凭证,登记账簿,进行账账、账证核对,结账,编制报表,到写出财务情况说明书。通过模拟实训,学生参加了一次现代企业会计核算的操作全过程。

会计模拟实训活动的目的有如下几个方面:

1. 在学习了会计的基本理论和方法的基础上,通过实际业务的处理,初步掌握各种会计核算方法及程序操作的基本技能。具体应着重掌握:建账的方法;填制与审核原始凭证、填制与审核记账凭证、编制科目汇总表的方法与程序;登记现金日记账、银行存款日记账以及登记各种明细分类账和总分类账的方法与程序,并掌握结账、对账、更正错误、编制会计报表的基本技能。

2. 在对会计核算实际操作的过程中,要把具体核算步骤同所学的基本理论和基本知识结合起来,通过边实验、边学习、边思考和边总结的过程,加深理解和巩固所学的会计的基本理论和方法,并弥补本书知识的不足,进一步提高对会计基本理论和方法的掌握,并加深对所学专业的认识,为今后进一步学习会计专业知识,更好地适应实际会计工作奠定坚实的基础。

3. 通过会计模拟实训课的实践,初步培养作为一名合格会计人员所应具备的各种工作作风和业务素质。具体包括:坚持原则、实事求是,严格按照财务制度和有关的财经法规正确处理每笔会计事项;刻苦钻研、勇于思考,不断提高知识水平和业务能力;认真、细致、一丝不苟,兢兢业业地做好每一项工作;不怕困难、任劳任怨,正确对待工作中的顺利与曲折;团结互助、密切合作,正确处理工作岗位之间的关系;解放思想、勇于开拓,不断探索新情况、解决新问题。

第二节　会计模拟实训活动的教学要求

会计模拟实训活动的要求,主要是针对学生和指导教师两方面而言。

一、学生应注意的问题

1. 思想上要重视

会计模拟实训中要求使用正规的会计用品,以使模拟实验活动与实际工作更贴近,且每个学生要独立完成从建账、填证、登账到编表的一整套会计核算程序。因此,对会计模拟实验的复杂性、规范性大家要有足够的重视,如对能否正确使用会计用品,能否工整、规范化地完成模拟实验等都要有充分的思想准备。

2. 实验时要积极认真

会计模拟实训具有很强的实践性,对于没有实践经验或只有部分岗位实践经验的同学来说,独立完成此次实验有很大难度,因此参加会计模拟实验活动的学生要积极主动地与指导老师联系,如指导老师组班集中指导模拟实验,大家应尽量到校上课,接受指导老师的辅导,实验中遇到问题时,应及时咨询指导老师,化解难题,以便于下一步实验的开展。

3. 知识储备上要充分

会计模拟实训是一项综合性练习,涉及多门专业课程,如中级财务会计、成本会计、财务管理等,大家应熟练掌握这些课程的相关知识,而且本次模拟实验教材根据新会计准则的精神,做了较大变动,难度上有所提高。这就要求同学们不仅要会综合运用多门课程的知识,而且要熟悉新会计准则的相关内容。

二、指导教师应注意的问题

对学生来说,会计综合模拟实训的要求是比较高的,在操作时,必然有部分同学难以独立完成,这就需要配备合格的指导教师。我们的指导教师不但自己要有丰富的理论知识,而且要有较多的实践工作经验,特别要注意按教学规律对学生进行指导,这样才能够让学生圆满完成会计模拟实训活动。

1. 制订会计模拟实训操作计划

根据被指导者的实际情况,制订会计模拟实验操作计划,也就是说,根据学生不同的情况,制订有针对性的实验计划。

2. 对重点问题进行预先提示

在进行会计模拟实训操作前,指导教师应有目的地对一些重点、难点问题预先提示,以降低会计模拟实训的难度,帮助学生完成会计模拟实训。

3. 随时给予必要的指导

随时给予必要的指导,对于学生来说是极为重要的。学生遇到困难,若不进行随时指导,就会使学生的思路走岔,其结果也就可想而知。

4. 应适时地给出参考答案

由于会计模拟实训综合性、连贯性强,学生处理业务,只要一步出错,就将步步出错,有时甚至会一错到底。所以,由指导教师根据学生的进度,适时给出参考答案是很必要的。

5. 正确评价学生习作

对学生习作质量的好坏,及时准确地给予评价,有利于学生完成习作,获得预期效果。这样做既可鼓励学生,又可使学生认识自己的不足。

第三节　会计模拟实训手工操作程序

一、建账

建账时,应先填写账簿启用表,然后在账页上端的正中横线上写上一级科目名称,将明细科目写在账页的右上角或左上角上,以确定账户名称,同时填上期初余额。

(一)总账

总账可选用订本式账簿,也可选用活页式账簿。具体选择哪一种应根据本单位的经济业务而定。订本式便于保管,适用于经济业务少的单位;活页式适用于经济业务多的单位。在实际工作中,大部分单位的总账都采用订本式账簿。在模拟实验时,为节约经费,可采用活页式账簿。

总账上各会计科目的排列,应按照会计科目的编号顺序分资产、负债、所有者权益、收入、费用、利润依次排列,并填写总账目录,以便查找。

(二)日记账

日记账即序时账,是按照经济业务发生的先后顺序逐笔登记的账簿。模拟实验时要设立现金日记账、银行存款日记账。根据现行会计制度规定,现金日记账、银行存款日记账必须采用订本账。在一般情况下,其格式可采用三栏式或采用具有对方科目的三栏式账页。为了节省费用,模拟实验时可用活页式账簿替代实际工作中所用的订本式账簿。

其他货币资金,一般不设日记账进行序时核算,只按其他货币资金的种类设置明细账进行明细核算。

(三)明细账

明细账的格式主要有三栏式、数量金额式、多栏式等,企业可结合本单位具体情况来设置。根据本教材所提供的经济业务应开设以下明细账:

1. 生产成本明细账

一车间设"A产品"明细账,二车间设"B产品"、"C产品"两个明细账。明细账采用多栏式账页按"直接材料"、"直接人工"、"燃料和动力"、"制造费用"、"合计"等设专栏。

2. 制造费用明细账

应按基本生产车间分别设置,即设立制造费用——一车间;制造费用——二车间两个明细账,采用多栏式账页,按"职工薪酬"、"折旧费"、"水电费"、"其他"、"合计"等设专栏。

3. 管理费用明细账

采用多栏式账页,按"市内交通费"、"水电费"、"办公费"、"职工薪酬"、"差旅费"、"无形资产摊销"、"折旧费"、"业务招待费"、"存货盘盈或盘亏"、"水利基金"、"印花税"、"其他"、"合计"等设专栏。

4. 应交增值税明细账

采用增值税专用账页。

5. 存货明细账

采用数量金额式账页。主要设立:甲材料明细账、乙材料明细账、丙材料明细账;A产品明细账、B产品明细账;木箱、工作服明细账。

6. 往来结算类账户及其他明细账

采用三栏式账页。根据本教材所提供的资料相应开设。

二、编制记账凭证

会计人员根据审核无误的原始凭证填制记账凭证,在填制记账凭证时,应注意以下几方面的问题:

(一)凭证的日期

在实际工作中,记账凭证中的日期,是以会计人员填制凭证的当天日期来填列的。但在模拟实验中,要求按经济业务发生的日期填写。

(二)凭证的编号

记账凭证必须连续编号,不得跳号和重号。编号时,可以按现收、现付,银收、银付和转账凭证分别连续编号,也可以不分收款凭证、付款凭证、转账凭证的类别统一编号。如果一笔经济业务涉及几张记账凭证时,可采用分数编号法编号。例如,一笔经济业务需要填制两张记账凭证,则其中第一张凭证编号为 $1\frac{1}{2}$,第 2 张凭证编号为 $1\frac{2}{2}$。数的整数部分为总号,表示经济业务的顺序,其分数部分为分号,其中分母表示该项业务共有两张记账凭证、分子表示两张中的第 1 张或第 2 张。

(三)摘要的填写

摘要是对经济业务的简单说明,填写时既要简明扼要,又要说明问题。实际工作中摘要栏的填写有很大随意性,但不同的业务应抓住重点进行摘要。例如:现金业务应着重写明现款收、付的对象和事由。银行转账结算业务应着重写明结算方式,结算凭证号码,发生结算业务的对象及内容。更正错账或调整转账等要写明原账证的日期和凭证编号以及更正或调整的原因。

(四)附件的处理

填制记账凭证时,凡是应附的原始凭证都应附在记账凭证的后面,并立即用大头针别上,注意不可将二者粘贴在一起,以利凭证的装订;记账凭证上要注明附件张数,并与所附凭证张数相符。凡所附凭证面积大于记账凭证的部分要按记账凭证的面积折叠整齐,以利保管。

(五)科目汇总表的编制

1. 科目汇总表的上端"年、月、日起至月、日"及"凭证号"两项是用来说明汇总范围的(本次实验分 2 次汇总,即 1—15 日、16—31 日)。这是防止重汇、漏汇和依顺序对账的关键所在。

2. 科目汇总表中的会计科目按编号顺序排列。本期没有发生额的科目不填。

3. 在计算过程中,如遇有红字发生额时,应在同一科目、同一方向的蓝字中减去。如红字大于蓝字时,应在汇总表中以红字填写其差额,借贷方向不变。

三、记账和结账

(一)记账的依据

明细账可根据原始凭证或原始凭证汇总表、记账凭证逐笔登记。银行存款日记账、现金日记账根据收款、付款凭证逐日逐笔依顺序登记。

总账根据科目汇总表登记,总账上的"月、日"应填写科目汇总的"月、日",凭证种类可填"汇×"号。同一个会计科目借贷方均有发生额的应填在同一行。

(二)记账的要求

1. 账登完之后,要立即在记账凭证的特定位置上打钩,并在记账凭证的下方记账栏签上自己的名字或加盖印章,以示负责。为了保持账页的美观,每一页的第一笔业务的年、月应在年、月栏中填写。只要不跨月,以后本页再登记时,一律不填月份,只填日期。跨月登记时,应在上月的月结线下的月份栏内填写新的月份。

2. 在记账过程中,一页账的最后一行不记账,只在摘要栏写上"过次页",在下一页第一行摘要栏写上"承前页",然后按账户是否要求结出发生额,分别将发生额和余额结出并结转到下页。

具体办法是:

(1)需要结计本月发生额的账户,结计"过次页"的合计数应为本月初始至本页末止的发生额合计数。这样,可根据"过次页"的合计数随时了解本月初始至本页末止的发生额,也便于月末结账时加计"本月合计"数。

(2)不需结计本月发生额的账户,结计"过次页"的本页合计数,应是自年初始至本页末止的累计数。这样,可以从"过次页"这一栏了解自年初始至本页末的累计发生额,也可为年终结账时加计"本年累计"提供方便。

(3)某些既不需结计当月发生额也不需结计全年累计发生额的账户,可以只将每页末(倒数第2行)的余额结转次页,但为了验证月末余额的计算是否正确,可用铅笔结出每页的发生额。

3. 记账时,要用蓝黑墨水或碳素墨水书写,不得用铅笔和圆珠笔登记(特别情况除外)。用红墨水记账,仅限于3种情况:(1)更正错账;(2)在多栏式账页登记转出(减少)

数;(3)在余额未设方向标记的情况下登记负数。

4. 登账要按序进行,不得跳行、隔页,如出现跳行、隔页时应以"此行(或页)空白"字样注销。

5. 登账时,要求书写正确、美观。

6. 为防止在账簿记录中更正错误引起连锁反应(即一个数字改动了,与之有关的其他数字都要随之改动),除月末和转页这两种情况外,其他时候登记账簿都不要以墨水结出余额,需要及时了解账户的余额,应用铅笔写在余额栏。

登记账簿发生差错,不得任意涂改、刮、擦、挖、补,不准重新抄写,应按下列方法进行更正。

(1)登记账簿时发生错误,应当将错误的文字或者数字划红线注销,但必须使原有字迹仍可辨认,然后在画线上方填写正确的文字或数字,并由记账人员在更正处签名盖章。

(2)由于记账凭证错误而使账簿记录发生错误,可用红字更正法或补充登记法进行更正,然后按更正的记账凭证登记账簿。

(三)结账

结账表示一个会计期间的终了。结账包括三项内容:一是期末结清收入、费用账户,并据以计算确定本期的利润或亏损;二是年终结清"本年利润"账户;三是月末结算出资产、负债、所有者权益账户的本期发生额及期末余额。

结账前,需要查明本期内所发生的经济业务是否已全部登记入账,要按权责发生制原则对账项进行调整,还要对账,具体包括:

1. 账证核对

即各种账簿记录与会计凭证核对相符。

2. 账账核对

即各种账簿之间的有关数字核对相符。包括日记账与总分类账核对,总分类账与明细账核对等。

3. 账实核对

即账面数字与实际的物资、款项核对相符。

结账时,应当根据不同的账户记录,分别采用不同的方法。

第一,对不需要按月结计本期发生额的账户,如各项应收应付款明细账和各项财产物资明细账等,每次记账以后,都要随时结出余额,每月最后一笔余额即为月末余额。也就是说,月末余额就是本月最后一笔经济业务记录的同一行内的余额。月末结账时,只需要在最后一笔经济业务记录之下通栏画单红线,不需要再结计一次余额。画线的目的,是为了突出有关数字,表示本期的会计记录已经截止或者结束,并将本期与下期的记录明显分开。

第二,现金、银行存款日记账和需要按月结计发生额的收入、费用等明细账,每月结账时,要在最后一笔经济业务记录下面通栏画单红线,结出本月发生额和余额,在摘要栏内注明"本月合计"字样,在下面再通栏画单红线。

第三,需要结计本年累计发生额的某些明细账户,每月结账时,应在"本月合计"行下结出自年初起至本月末止的累计发生额,登记在月份发生额下面,在摘要栏内注明"本年累计"字样,并在下面再通栏画单红线。12 月末的"本年累计"就是全年累计发生额,全年累计发生额下通栏画双红线。

第四,总账账户平时只需结出月末余额。年终结账时,为了总括反映全年各项资产、负债及所有者权益增减变动的全貌,便于核对账目,要将所有总账账户结计全年发生额和年末余额,在摘要栏内注明"本年合计"字样,并在合计数下通栏画双红线。

第五,需要结计本月发生额的某些账户,如果本月只发生一笔经济业务,由于这笔记录的金额就是本月发生额,结账时只要在此行记录下画单红线,表示与下月的发生额分开就可以了,不需再结出"本月合计"数。

年度终了结账时,有余额的账户,要将其余额结转下年。结转的方法是,将有余额的账户的余额直接记入新账余额栏内,不需要编制记账凭证,也不必将余额再记入本年账户的借方或者贷方,使本年有余额的账户的余额变为零。因为,既然年末是有余额的账户,其余额应当如实地在账户中加以反映,否则,容易混淆有余额的账户和没有余额账户的区别。

对于新的会计年度建账问题,一般来说,总账、日记账和多数明细账应每年更换一次。但有些财产物资明细账和债权债务明细账,由于材料品种、规格和往来单位较多,更换新账,重抄一遍工作量较大,因此,可以跨年度使用,不必每年度更换一次。各种备查簿也可以连续使用。

四、会计报表的编制

结账后,会计人员应根据总账本期发生额和期末余额编制会计科目发生额试算平衡表,即全部账户的借方本期发生额之和等于全部账户贷方本期发生额之和,然后再编制期末余额表,并使全部账户的借方期末余额之和等于全部账户的贷方期末余额之和。

（一）资产负债表的编制

资产负债表根据有关账户余额填写，有两种填列方法。一种是直接填列，即将总账或明细账的期末余额直接填入报表的相应项目；另一种是分析计算填列，即对有关账户记录经过分析、调整和重新计算后填入有关项目，如"货币资金"项目应根据"库存现金"、"银行存款"、"其他货币资金"三个总账账户期末余额之和填列。"存货"项目应根据"原材料"、"委托加工材料"、"在途材料（材料采购）"、"包装物"、"低值易耗品"、"自制半成品"、"生产成本"、"库存商品"、"材料成本差异"等账户借方余额合计数填列，要求一律反映实际成本。（注：本教材资产负债表年初数采用11月末余额数。）

（二）利润表的编制

利润表中金额栏的"本月金额"反映各项目的本月实际发生额。"本年累计金额"反映各项目自年初起至本月末止的累计实际发生额，应根据上月本表的"本年累计金额"和本月本表的"本月金额"加总填列。（注：本教材年初起至11月末止的累计实际发生额见第二章。）

（三）现金流量表的编制

现金流量表从经营活动、投资活动和筹资活动三个方面反映企业一定会计期间现金的流入、流出情况以及现金总额的增减变动情况。按照我国有关准则规定，现金流量表的主表采用直接法编报，同时在补充资料中采用间接法将净利润调整为经营活动现金流量。（注：本教材以11月末余额数作为年初数，以12月末余额作为年末数。）

（四）所有者权益变动表的编制

所有者权益变动表是反映构成所有者权益的各组成部分当期增减变化情况的报表。所有者权益变动表不仅包括所有者权益总量的增减变动，还包括所有者权益增减变动的结构信息，特别是反映直接计入所有者权益的利得和损失，使报表使用者能够准确理解所有者权益增减变动的根源。该表根据"实收资本"、"资本公积"、"盈余公积"、"利润分配"账户及相关明细账的期初余额、本期借贷方发生额、期末余额分析填列。

五、会计凭证的装订

装订就是将当月的全部会计凭证分成厚薄基本相同的几本，分别装订成册。装订时要注意，不能把几张一份的记账凭证拆开装订在两册之中，不能把文字和数字装订得看不清，要做到既美观大方又便于翻阅。

（一）整理

先集中本月份的全部记账凭证（含附件），并按其编号排列成序，检查一下有无漏号，以防丢失。经过整理后的顺序为：第一次科目汇总表附在会计凭证封面之后，会计凭证之前。如采用分类编号法，现金收付凭证在前面，银行收付凭证次之，最后为转账凭证。第二次科目汇总表应放在 16 号记账凭证之前。

（二）加工

将用于固定附件的大头针取下，并将记账凭证、附件、封面等全部向左、上两方对齐，封面包好凭证后用大铁夹将其固定。

（三）装订

1. 用铅笔在加工整理好的封面左上角画一条斜线，并在斜线上用三点将斜线分为四等份，由此三点按垂直和水平方向各引出两道线，将各线的三个交叉点定为装订孔的位置，并打好孔。

2. 用线穿孔扎紧，在凭证反面打上死结，并保留少许线头，然后将封口纸粘在线头上面。在封口纸与封底相交之处，盖上装订者的私章。

3. 填写记账凭证封面。

附：部分会计科目表（供学生建账时参考）

序号	科目名称
1	库存现金
2	银行存款
3	其他货币资金——存出投资款
4	交易性金融资产——M 公司股票（成本）
5	——M 公司股票（公允价值变动）
6	应收票据——大兴化工商店
7	——安徽中大化工公司
8	应收账款——安徽东山化工厂
9	——上海市化工公司
10	——三江公司
11	——西海公司
12	——明华公司

13	坏账准备
14	其他应收款——刘明
15	——保证金
16	材料采购——甲材料
17	——乙材料
18	原材料——甲材料
19	——乙材料
20	——丙材料
21	包装物——木箱
22	低值易耗品——工作服
23	材料成本差异——甲材料
24	——乙材料
25	库存商品——A产品
26	——B产品
27	存货跌价准备
28	长期股权投资——对G公司投资
29	——对H公司投资
30	投资性房地产
31	投资性房地产累计折旧
32	固定资产——一车间厂房
33	——一车间机器
34	——二车间厂房
35	——二车间机器
36	——非生产用固定资产
37	累计折旧
38	在建工程——A设备安装工程
39	工程物资——C材料
40	固定资产清理
41	无形资产——专利权
42	累计摊销

43　　递延所得税资产

44　　待处理财产损益

45　　短期借款——工商银行合肥市城南支行

46　　应付账款——莲一公司

47　　　　　　——蚌埠物华贸易公司

48　　　　　　——暂估应付款

49　　预收账款

50　　应付职工薪酬——工资

51　　　　　　　　——职工福利

52　　　　　　　　——社会保险费

53　　　　　　　　——住房公积金

54　　　　　　　　——工会经费

55　　　　　　　　——职工教育经费

56　　应交税费——应交所得税

57　　　　　　——未交增值税

58　　　　　　——应交增值税

59　　　　　　——应交营业税

60　　　　　　——应交城市维护建设税

61　　　　　　——应交教育费附加

62　　　　　　——应交地方教育费附加

63　　　　　　——应交水利基金

64　　　　　　——应交印花税

65　　应付股利

66　　其他应付款——社会保险费

67　　　　　　　——住房公积金

68　　　　　　　——个人所得税

69　　长期借款——建设银行合肥市绩溪路支行

70　　递延所得税负债

71　　实收资本——国家资本金

72　　　　　　——D 公司法人资本金

73	——C公司法人资本金
74	盈余公积——法定盈余公积
75	本年利润
76	利润分配——应付股利
77	——提取盈余公积
78	——未分配利润
79	生产成本——A产品
80	——B产品
81	——C产品
82	制造费用——一车间
83	——二车间
84	主营业务收入
85	其他业务收入
86	公允价值变动损益
87	投资收益
88	营业外收入
89	主营业务成本
90	其他业务成本
91	营业税金及附加
92	销售费用
93	管理费用
94	财务费用
95	资产减值损失
96	营业外支出
97	所得税费用

第四节　会计模拟实训成绩评定参考标准

一、成绩评定参考标准

项目	序号	扣 分 参 考
凭证	1	编号不规范每处扣 1 分,累计扣分不高于 5 分。
	2	填制不符合要求,每处扣 1 分,累计扣分不高于 5 分。
	3	分录编制不正确每笔扣 2 分。
	4	漏填凭证,每张扣 2 分。
	5	凭证装订及封面填写不规范扣 1~3 分。
账簿	6	账户开设不符合要求,每处扣 2 分,累计扣分不高于 20 分。
	7	缺少账户每个扣 2 分。
	8	登账、结账不规范每处扣 1 分,累计扣分不高于 20 分。
报表	9	缺少报表每张扣 10 分。
	10	报表不平衡每张扣 5 分。
	11	数据填写错误,每处扣 1 分,累计扣分每张不高于 10 分。
	12	装订及封面填写不规范,每处扣 1 分,累计扣分不高于 3 分。

除按以上评分标准评定以外,凡具有以下条款之一者,应判为不及格:

1. 记账凭证未填制,但账表又有该数据。

2. 报表数据来源与总账及有关账户数据严重不一致(计算错误除外)。

3. 成本计算过程数据来源与有关明细账数据不一致。

4. 有明显抄袭他人行为。

以上评定标准也可以用五等记分制进行:

1. 优秀(相当于 90~100 分)

2. 良好(相当于 80~89 分)

3. 中等(相当于 70~79 分)

4. 及格(相当于 60~69 分)

5. 不及格(59 分以下)

二、应准备的实训用品

1. 记账凭证　　120 张

2. 三栏式账页　　100 张

3. 数量金额式明细账　　8 张

4. 多栏式明细账　　10 张

5. 增值税专用明细账　4 张

6. 凭证封面　　3 张

7. 科目汇总表　　4 张

8. 账簿启用及接交表　　2 张

由于实习者初次操作,失误可能较多,因此购买时宜适当增加。

除购置上述办公用品外,还需配置红色和蓝色墨水、铅笔、直尺、票夹、大头针等。

三、实训参考进度

内　容	课　时
1. 实训动员及发放用品	2
2. 开设账户并登记期初余额	4
3. 日常会计核算的实验	34
4. 会计报表的编制	6
5. 总结	2
6. 机动	2
合计	50

第二章 会计模拟实训资料

第一节 企业概况与相关会计制度

一、企业概况

（一）企业名称：合肥宏达有限责任公司

（二）性质：制造企业、增值税一般纳税人

（三）主要产品：A 产品、B 产品和 C 产品

（四）银行开户：基本存款账户：中国工商银行合肥市大钟楼支行　账号：999888

（五）证券公司开户：招商证券合肥市六安路营业部　资金账号：35002868

（六）纳税人登记号：653388

（七）生产、管理及服务机构

1. 两个基本生产车间：一车间、二车间。其中一车间 50 人，二车间 60 人。

2. 销售部：10 人。

3. 管理及服务部门：总经理办公室 6 人、采购部 4 人、仓库 2 人、财务部 3 人。

（八）法定代表人：刘伟

（九）生产组织与工艺流程

1. 单步骤大量生产各主要产品

2. 各种产品所耗原材料均为开工时一次性投入

3. 一车间生产 A 产品

4. 二车间生产 B 产品和 C 产品

二、会计核算程序

该厂实行厂部一级会计核算制,采用科目汇总表会计核算程序,科目汇总表每半月编制一次,汇总后登记总分类账。科目汇总表会计核算程序如图 2.1 所示。

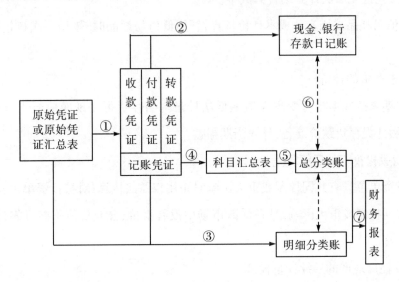

图 2.1

1. 根据原始凭证或原始凭证汇总表编制记账凭证(收款凭证、付款凭证和转账凭证)。

2. 根据收款凭证、付款凭证逐笔序时地登记现金日记账和银行存款日记账。

3. 根据记账凭证及其所附的原始凭证或原始凭证汇总表逐笔登记各种明细分类账。

4. 根据记账凭证定期编制科目汇总表

5. 根据科目汇总表逐笔登记总分类账。

6. 根据对账的具体要求,将日记账和各种明细分类账与对应的总分类账相互核对。

7. 期末,根据总分类账和有关明细分类账编制财务报表。

三、相关会计制度

(一)资产业务核算

1. 库存现金限额为 3000 元,超过库存限额的现金应及时送存银行。

2. 应收账款减值损失采用备抵法核算。每年年末,企业根据应收账款年末余额的 5% 计提坏账准备。

3. 存货的核算

(1)甲、乙材料采用计划成本计价核算,其中甲材料每千克计划单位成本92元,乙材料每千克计划单位成本215元。

(2)其他材料及包装物、产成品均采用实际成本计价核算。领用其他材料、包装物、产成品时,按先进先出法计算结转其成本。

(3)低值易耗品采用实际成本计价核算,领用低值易耗品时,采用一次摊销法结转其成本。

(4)期末存货的计价。

存货在期末按成本与可变现净值孰低法计量。当存货可变现净值低于其账面价值时,应按差额计提存货跌价准备,计入当期损益。

4. 长期股权投资的后续计量

对被投资单位具有共同控制或重大影响时采用权益法核算;对被投资单位具有控制,或不具有共同控制或重大影响,且在活跃市场中没有报价、公允价值不能可靠计量时,采用成本法核算。

5. 投资性房地产的后续计量模式

该企业投资性房地产采用成本模式进行后续计量,采用平均年限法按月计算提取投资性房地产折旧,投资性房地产月折旧率0.6%。

6. 固定资产折旧

固定资产采用平均年限法分类计提折旧。其中,生产用房屋月折旧率0.8%,机器月折旧率1%,非生产用固定资产月折旧率0.6%。

7. 无形资产摊销

该企业无形资产均为使用寿命有限的无形资产,采用平均年限法按月摊销,其预计净残值为零。

8. 非流动资产的减值

企业在资产负债表日应当判断诸如长期股权投资、固定资产、无形资产等非流动资产是否存在可能发生减值的迹象。如果存在减值迹象的,应当进行减值测试,估计资产的可收回金额。可收回金额低于账面价值的,应当按其差额,确认资产减值损失,计入当期损益,同时计提相应的资产减值准备,资产减值损失一经确认,在以后会计期间不得转回。

(二)负债业务核算

1. 应付职工薪酬的核算

企业应付职工薪酬包括工资总额、职工福利费、五险一金、工会经费、职工教育经费和非货币性福利。

（1）该厂采用计时工资制,当月工资总额包括基本工资、奖金、津贴与补贴、加班加点工资等。

（2）依据新的《企业财务通则》相关规定,该企业的职工福利费不再按照工资总额的一定比例计算提取,而是据实列支,发生时直接计入相关成本费用。

（3）应付职工薪酬中"五险一金"、工会经费与职工教育经费的计算提取。该企业"五险一金"（养老保险、医疗保险、失业保险、工伤保险和生育保险,住房公积金）、工会经费与职工教育经费等是按照当月职工工资总额的一定比例计算提取的。如下表所示。其中,"五险一金"中个人缴纳的部分由企业代扣代缴。

"五险一金"及工会经费、职工教育经费计提比例一览表

项目名称	缴费基数	提取比例
基本养老保险费		
单位缴纳部分	工资总额	20%
个人缴纳部分	工资总额	8%
失业保险费		
单位缴纳部分	工资总额	2%
个人缴纳部分	工资总额	1%
医疗保险费		
单位缴纳部分	工资总额	8%
个人缴纳部分	工资总额	2%
工伤保险费		
单位缴纳部分	工资总额	1%
生育保险费		
单位缴纳部分	工资总额	0.8%
住房公积金		
单位缴纳部分	工资总额	10%
个人缴纳部分	工资总额	10%
工会经费	工资总额	2%
职工教育经费	工资总额	1.5%

（4）该企业在"应付职工薪酬"总账账户下，按照"工资"、"职工福利"、"社会保险费"、"住房公积金"、"工会经费"、"职工教育经费"和"非货币性福利"等应付职工薪酬项目进行明细核算。

2. 应交税费与纳税事项

（1）适用税种与税率

该企业适用的所得税税率为25%，增值税税率为17%，固定资产出租收入和投资性房地产租金收入适用的营业税税率为5%。城市维护建设税税率为7%，教育费附加征收率为3%，地方教育费附加征收率为2%，分别按当月实际缴纳的增值税、营业税、消费税三者合计数的7%、3%、2%计算应交城市维护建设税、应交教育费附加、应交地方教育费附加。另外，按当期主营业务收入的0.06%计算应交水利基金，按当期主营业务收入的0.03%计算应交印花税。

（2）纳税期限

增值税、营业税、城市维护建设税、教育费附加于月末计算，次月15日内缴纳。

企业所得税按年计算，分月或分季预交，年终汇算清缴。企业可以于年度终了之日起4个月内，向税务机关报送年度企业所得税纳税申报表，并汇算清缴，结清应缴应退税款。

（三）收入、成本、费用核算

1. 本地销售由销售部开票，财务部根据销售发票记账联入账；销往外地的产品由销售科代办托运、代垫运杂费，财务部根据销售发票及有关凭证办理结算手续并入账。

2. 该厂成本核算采用厂部一级核算制，成本计算采用品种法。

3. 该厂基本生产费用的核算设置"生产成本"总账，并按产品品种设置生产成本明细账进行明细核算，产品成本项目按"直接材料"、"直接人工"、"燃料及动力"、"制造费用"设置。

4. 制造费用按生产车间设置明细账，并按费用项目设置专栏进行明细核算。月末，一车间的制造费用直接结转至A产品生产成本明细账；二车间生产B产品和C产品，故二车间的制造费用按B、C产品所耗生产工人工时进行分配。

5. 月末，生产费用在完工产品和在产品之间的分配采用约当产量法。

6. 本月完工产品和月末在产品数量及完工程度：

A产品完工50箱，在产品50箱；B产品完工45箱，在产品60箱。在产品的完工程度均为50%。

（四）所得税业务核算

该企业所得税采用资产负债表债务法进行核算。

（五）利润形成及其分配业务核算

1. 该企业期末利润形成采用账结法核算，即月末将损益类账户的发生额的差额结转至本年利润账户。

2. 该企业于年末一次提取法定盈余公积，提取比例为税后净利润的10%。

3. 该企业按提取盈余公积后净利润的30%向投资者分配利润。

第二节　会计事项及账务资料

一、企业前期会计资料

（一）2011 年 11 月 30 日总分类账户及明细分类账户期初余额

	**2011 年 11 月 30 日总账及明细账期初余额**
总账	明细账	数量	单价	借方金额	总账	明细账	贷方余额
库存现金				3,500	短期借款	工商银行合肥市城南支行	449,000
银行存款				1,471,304	应付账款	莲一公司	200,000
其他货币资金	存出投资款			500,000	应付职工薪酬	社会保险费	47,572.8
应收票据	大兴化工商店			15,000		住房公积金	14,960
应收账款	三江公司			10,000		工会经费	2,992
	西海公司			10,000		职工教育经费	2,244
	明华公司			100,000		合计	67768.8
	合计			120,000	应交税费	应交所得税	-200,000
坏账准备				-600		未交增值税	25,040
原材料	甲材料	1500kg	92	138,000		应交城市维护建设税	1,752.8
	乙材料	2500kg	215	537,500		应交教育费附加	751.2
	丙材料	100kg	50	5,000		合计	-172,456
	合计			680,500	其他应付款	社会保险费	16,456
材料成本差异	甲材料			1,500		住房公积金	14,960
	乙材料			-1,000		个人所得税	1,980
	合计			500		合计	33,396
库存商品	A 产品	200 箱	2,000	400,000	长期借款	建设银行合肥市绩溪路支行	800,000
	B 产品	400 箱	1,000	400,000	实收资本	国家资本金	2,240,000
	合计			800,000		D 公司法人资本金	960,000
包装物	木箱	100 个	18	1,800		合计	3,200,000
其他应收款	保证金			8,000	盈余公积	法定盈余公积	350,295.2
长期股权投资	对 G 公司投资			400,000	利润分配	未分配利润	80,000
无形资产	专利权			240,000	本年利润		900,000
累计摊销				-60,000			
固定资产	一车间厂房			540,000			
	一车间机器			310,000			
	二车间厂房			500,000			
	二车间机器			390,000			
	非生产用固定资产			180,000			
	合计			1,920,000			
累计折旧				-192,000			
colspan="4"	资产总计	5,908,004		负债及所有者权益总计	5,908,004

（二）2011 年 11 月 30 日"本年利润"科目中各转入项目数据的累计数(1—11 月)如下表：

2011 年 11 月 30 日"本年利润"账户各转入项目累计数		
序 号	项 目	金额（元）
1	主营业务收入	3,540,000
2	其他业务收入	78,500
3	营业外收入	2,000
4	主营业务成本	1,500,000
5	营业税金与附加	34,680
6	其他业务成本	40,000
7	销售费用	315,320
8	管理费用	820,000
9	财务费用	8,000
10	营业外支出	2,500
	"本年利润"合计	900,000

二、2011 年 12 月份发生的经济交易与事项（见后附业务单据）

三、根据上述资料完成以下实验

1. 建账；

2. 填写原始凭证、记账凭证和科目汇总表；

3. 登记总账、日记账和明细账；

4. 结账，编制试算平衡表；

5. 编制资产负债表、利润表、现金流量表和所有者权益（股东权益）变动表；

（1）资产负债表（附表 1）

（2）所有者权益变动表（附表 2）

（3）利润表（附表 3）

（4）现金流量表（附表 4）

【业务1】

中国工商银行现金缴款单(回单)

2011 年 12 月 1 日　　　　　　　　　№45326839

<table>
<tr><td rowspan="2">收款单位</td><td colspan="2">全　　称</td><td colspan="6">合肥宏达有限责任公司</td><td>款项来源</td><td>备用金</td><td rowspan="13">此联由银行盖章后退还进账单位</td></tr>
<tr><td colspan="2">账号</td><td>999888</td><td colspan="2">开户银行</td><td colspan="3">工行合肥市大钟楼支行</td><td>缴款单位</td><td>宏达公司</td></tr>
<tr><td colspan="9" rowspan="2">人民币(大写)伍佰元整</td><td>十万千百十元角分</td></tr>
<tr><td>¥ 5 0 0 0 0</td></tr>
<tr><td>票　面</td><td>百元</td><td>五十元</td><td>二十元</td><td>十元</td><td>五元</td><td>二元</td><td>一元</td><td>五角</td><td>二角</td><td>一角</td><td>五分</td><td>二分</td><td>一分</td></tr>
<tr><td>把(百张)数</td><td></td><td></td><td></td><td></td><td></td><td></td><td></td><td></td><td></td><td></td><td></td><td></td><td></td></tr>
<tr><td>叠(二十张)数</td><td></td><td></td><td></td><td></td><td></td><td></td><td></td><td></td><td></td><td></td><td></td><td></td><td></td></tr>
<tr><td>零张数</td><td></td><td></td><td></td><td></td><td></td><td></td><td></td><td></td><td></td><td></td><td></td><td></td><td></td></tr>
<tr><td>合计金额</td><td></td><td></td><td></td><td></td><td></td><td></td><td></td><td></td><td></td><td></td><td></td><td></td><td></td></tr>
</table>

收款:
(银行盖章)
复核:
2011 年 12 月 1 日

【业务2】

招商证券合肥市六安路营业部
证券交易成交报告单〔买入成交〕

成交日期:20111201	打印日期:20111201
资金账号:35002868	证券账号:A253476758
客户姓名:合肥宏达有限责任公司	证券名称:M 股份
申报日期:20111201	申报编号:100247620
申报时间:10:18:40	成交时间:10:50:34
成交数量:10,000	佣　金:120.00
成交均价:15.00	
成交金额:150,000.00	印花税:0.00
收付金额:150,120.00	过户费:0.00
前/后金额:200,000.00/49,880.00	附加费用:0
本次余股:10000	

经办单位_____　　　　　客户盖章_____

(注:该证券作为"交易性金融资产"处理)

【业务 3 -1】

3400082140 　　　　　　　　**安徽增值税专用发票**　　　　　　NO00654368

校验码　　　　　　　　　　**发　票　联**　　　　开票日期:2011 年 12 月 2 日

| 购货单位 | 名　　　　称:合肥宏达有限责任公司 纳税人识别号:653388 地址、电话:安徽省合肥市　3588883 开户行及账号:工行合肥市大钟楼支行　999888 | 密码区 | 略 |

货物或应税劳务名称	规格型号	单位	数量	单价	金　额	税率	税　额
甲材料		kg	2000	90. -	180000. -	17%	30600. -
合　　计					¥180000. -		¥30600. -

| 价税合计(大写) | 贰拾壹万零陆佰元整 | （小写）¥210600. - |

| 销货单位 | 名　　　　称:蚌埠兴邦公司 纳税人识别号:243567 地址、电话:安徽省蚌埠市　4675241 开户行及账号:工行蚌埠市汇通支行　222333 | 备注 | |

收款人:谢　　　　　复核:　　　　　开票人:　　　　　销货单位:(章)

【业务 3 -2】

3400082140 　　　　　　　　**安徽增值税专用发票**　　　　　　NO00654368

校验码　　　　　　　　　　**抵　扣　联**　　　　开票日期:2011 年 12 月 2 日

| 购货单位 | 名　　　　称:合肥宏达有限责任公司 纳税人识别号:653388 地址、电话:安徽省合肥市　3588883 开户行及账号:工行合肥市大钟楼支行　999888 | 密码区 | 略 |

货物或应税劳务名称	规格型号	单位	数量	单价	金　额	税率	税　额
甲材料		kg	2000	90. -	180000. -	17%	30600. -
合　　计					¥180000. -		¥30600. -

| 价税合计(大写) | 贰拾壹万零陆佰元整 | （小写）¥210600. - |

| 销货单位 | 名　　　　称:蚌埠兴邦公司 纳税人识别号:243567 地址、电话:安徽省蚌埠市　4675241 开户行及账号:工行蚌埠市汇通支行　222333 | 备注 | |

收款人:谢　　　　　复核:　　　　　开票人:　　　　　销货单位:(章)

【业务3-3】

中国工商银行 电汇凭证

委托日期 2011 年 12 月 2 日   凭证编号

汇款	全　称	合肥宏达有限责任公司	收款	全　称	蚌埠兴邦公司
	账　号	999888		账　号	222333
	汇出地点	安徽省合肥市		汇入地点	安徽省蚌埠市

汇出行名称	工行合肥市大钟楼支行	汇入行名称	工行蚌埠市汇通支行

金额	人民币(大写)贰拾壹万零陆佰元整	千	百	十	万	千	百	十	元	角	分
			￥	2	1	0	6	0	0	0	0

附加信息及用途:	支付密码	
		根据中国工商银行合肥宏达公司客户
银行盖章		081204 号指令,上述款项已由本行支付。
		客户经办人员:1133 复核:　　记账:

【业务4-1】

3400082140

安徽增值税专用发票

NO00134267

校验码   **发 票 联**   开票日期:2011 年 12 月 2 日

购货单位	名　　称:合肥宏达有限责任公司 纳税人识别号:653388 地址、电话:安徽省合肥市　3588883 开户行及账号:工行合肥市大钟楼支行　999888	密码区	略

货物或应税劳务名称	规格型号	单位	数量	单价	金　额	税率	税　额
乙材料		kg	800	220.-	176000.-	17%	29920.-
合　计					￥176000.-		￥29920.-

价税合计(大写)	贰拾万伍仟玖佰贰拾元整	(小写)￥205920.-

销货单位	名　　称:蚌埠物华贸易公司 纳税人识别号:392458 地址、电话:安徽蚌埠市　3567824 开户行及账号:工行蚌埠市工农路支行　333456	备注	

收款人:陈　　　复核:　　　开票人:　　　销货单位:(章)

【业务4-2】

3400082140　　　　　　　**安徽增值税专用发票**　　　　　NO00134267

校验码　　　　　　　　　　　**抵　扣　联**　　　　　开票日期:2011 年 12 月 2 日

| 购货单位 | 名　　　称:合肥宏达有限责任公司
纳税人识别号:653388
地址、电话:安徽合肥市　3588883
开户行及账号:工行合肥市大钟楼支行　999888 | | | | 密码区 | | 略 | | |

货物或应税劳务名称	规格型号	单位	数量	单价	金　额	税率	税　额
乙材料		kg	800	220.-	176000.-	17%	29920.-
合　计					￥176000.-		￥29920.-

价税合计(大写)	贰拾万伍仟玖佰贰拾元整	(小写)￥205920.-

销货单位	名　　　称:蚌埠物华贸易公司 纳税人识别号:392458 地址、电话:安徽蚌埠市　3567824 开户行及账号:工行蚌埠市工农路支行　333456	备注

收款人:陈　　　　复核:　　　　开票人:　　　　销货单位:(章)

第三联:抵扣联　购货方抵扣凭证

【业务5】

公路、内河货物运输业统一发票

发　票　联　　　　　发票代码:407567651214

开票日期:2011 年 12 月 3 日　　　　　　　发票号码:07890234

机打代码		407567651214 07890234	税控码	略	
机打号码					
机器编号					
收货人及 纳税人识别号		合肥宏达公司 653388	承运人及 纳税人识别号	蚌埠市第二运输公司 437652	
发货人及 纳税人识别号			主管税务 机关及代码	蚌埠市地税局	
运输项目及金额	货物名称 数量(kg) 单位运价 计费里程 运费金额	甲材料、乙材料 2800 ￥1,000	其他项目及金额	费用名称 搬运装卸费 仓储费 保险费 其他	金额 0 0 0 0	备注(手写无效) 起运地:蚌埠市 到达地:合肥市 车(船)号:皖 CHR236 代开单位章
运费小计	￥1,000		其他费用小计	￥0.00	
合计(大写)	壹仟元整				
代开单位 及代码			扣缴税额、税率 完税凭证号码	/ - >完税凭证号 - >税率 - >税额/ - >3425648 卡 - >7% - >70.00/ - >　　- >　　- >	

开票人:李

第一联　发票联　付款方记账凭证

【业务6－1】

材料物资入库验收单

售货单位　　　　　　　　　　　　　　　　　　　　　　验字第　　1101　　号

单据号数：　　　　　　　　　2011 年 12 月 3 日　　　　结算方式

材料编号	品名及规格	计量单位	数　量		实际金额	
			采购	实收	单价（元）	总价（元）
	甲材料	kg	2000	2000	90	180000
验收意见和入库时间			计划价格		运费	664
			单价（元）	总价（元）	税金	
			92	184000	合计	180664

仓库主管：　　　材料会计：　　　收料员：　　　经办人　　　制单：

第三联：记账联

【业务6－2】

材料物资入库验收单

售货单位　　　　　　　　　　　　　　　　　　　　　　验字第　　1102　　号

单据号数：　　　　　　　　　2011 年 12 月 3 日　　　　结算方式

材料编号	品名及规格	计量单位	数　量		实际金额	
			采购	实收	单价（元）	总价（元）
	乙材料	kg	800	800	220	176000
验收意见和入库时间			计划价格		运费	266
			单价（元）	总价（元）	税金	
			215	172000	合计	176266

仓库主管：　　　材料会计：　　　收料员：　　　经办人　　　制单：

第三联：记账联

【业务 7 - 1】

借　款　单

NO0003192

2011 年 12 月 3 日

借款部门:采购部		借款人:刘明		借款方式:现金								
借款用途	出差	收款单位	名　称									
			账　号									
			开户行									
借款金额(大写)贰仟元整				千	百	十	万	千	百	十	元	角	分
								¥	2	0	0	0	0	0
分管 领导:刘大林		主管 部门:		财务 审核:			财务 负责人:					
备 注												

第一联　财务付款凭证

出纳签章

【业务 7 - 2】

中国工商银行

现金支票存根

Ⅹ Ⅳ24547612

附加信息:

_____

_____

_____

出票日期:2011 年 12 月 3 日

收　款　人:合肥宏达公司
金　　　额:2000.00
用　　　途:差旅费
备　　　注:

单位主管:田丽　　　会计:王琴

【业务 8 - 1】

3400082140

安徽增值税专用发票

NO03526781

发 票 联　　　　　　　开票日期:2011 年 12 月 3 日

校验码

购货单位	名　　称:合肥宏达有限责任公司					密码区	略		
	纳税人识别号:653388								
	地址、电话:安徽合肥市　3588883								
	开户行及账号:工行合肥市大钟楼支行　999888								
货物或应税劳务名称	规格型号	单位	数量	单价	金　额		税率	税　额	
木箱		kg	200	20. -	4000. -		17%	680. -	
合　计					¥4000. -			¥680. -	
价税合计(大写)	肆仟陆佰捌拾元整					(小写)¥4680. -			
销货单位	名　　称:合肥市诚志物资公司					备注			
	纳税人识别号:384648								
	地址、电话:合肥市金寨路　4672653								
	开户行及账号:工行合肥市金寨路支行　444555								

收款人:刘　　　　　复核:　　　　开票人:　　　　　　销货单位:(章)

【业务 8 - 2】

3400082140

安徽增值税专用发票

NO03526781

抵 扣 联　　　　　　　开票日期:2011 年 12 月 3 日

校验码

购货单位	名　　称:合肥宏达有限责任公司					密码区	略		
	纳税人识别号:653388								
	地址、电话:安徽合肥市　3588883								
	开户行及账号:工行合肥市大钟楼支行　999888								
货物或应税劳务名称	规格型号	单位	数量	单价	金　额		税率	税　额	
木箱		kg	200	20. -	4000. -		17%	680. -	
合　计					¥4000. -			¥680. -	
价税合计(大写)	肆仟陆佰捌拾元整					(小写)¥4680. -			
销货单位	名　　称:合肥市诚志物资公司					备注			
	纳税人识别号:384648								
	地址、电话:合肥市金寨路　4672653								
	开户行及账号:工行合肥市金寨路支行　444555								

收款人:刘　　　　　复核:　　　　开票人:　　　　　　销货单位:(章)

【业务8-3】

中国工商银行
转账支票存根
　　　　ⅩⅣ03645738

附加信息：

出票日期：2011 年 12 月 3 日

收　　款　　人	合肥市诚志物资公司
金　　　　　　额	4680.00
用　　　　　　途	购买包装物
备　　　　　　注	

单位主管：田丽　　　　会计：王琴

【业务8-4】

材料物资入库验收单

售货单位　　　　　　　　　　　　　　　　　　　　验字第　　1103　　号

单据号数：　　　　　　　　　2011 年 12 月 3 日　　　　结算方式

材料编号	品名及规格	计量单位	数　量		实际金额	
			采购	实收	单价（元）	总价（元）
	木箱	个	200	200	20	4000
验收意见和入库时间			计划价格		运　费	
			单价（元）	总价（元）	税　金	
					合　计	4000

仓库　　　　　　材料

主管：　　　　　会计：　　　　收料员：　　　　经办人　　　　制单：

第三联：记账联

【业务9－1】

3400082140

安徽增值税专用发票

NO04256178

校验码

发 票 联

开票日期:2011 年 12 月 4 日

购货单位	名 称:合肥宏达有限责任公司 纳税人识别号:653388 地址、电话:安徽合肥市 3588883 开户行及账号:工行合肥市大钟楼支行 999888					密码区	略		
货物或应税劳务名称	规格型号	单位	数量	单价		金 额	税率	税 额	
设备 A		台	1	690000.－		690000.－	17%	117300.－	
合 计						¥690000.－		¥117300.－	
价税合计(大写)	捌拾万柒仟叁佰元整					(小写)¥807300.－			
销货单位	名 称:安徽华东机床厂 纳税人识别号:394356 地址、电话:安徽省马鞍市 2354762 开户行及账号:工行马鞍市佳山支行 345678					备注			

收款人:吴　　　复核:　　　开票人:　　　销货单位:(章)

注:该设备需要安装。

第二联 : 发票联 购货方记账凭证

【业务9－2】

3400082140

安徽增值税专用发票

NO04256178

校验码

抵 扣 联

开票日期:2011 年 12 月 4 日

购货单位	名 称:合肥宏达有限责任公司 纳税人识别号:653388 地址、电话:安徽合肥市 3588883 开户行及账号:工行合肥市大钟楼支行 999888					密码区	略		
货物或应税劳务名称	规格型号	单位	数量	单价		金 额	税率	税 额	
设备 A		台	1	690000.－		690000.－	17%	117300.－	
合 计						¥690000.－		¥117300.－	
价税合计(大写)	捌拾万柒仟叁佰元整					(小写)¥807300.－			
销货单位	名 称:安徽华东机床厂 纳税人识别号:394356 地址、电话:安徽省马鞍市 2354762 开户行及账号:工行马鞍市佳山支行 345678					备注			

收款人:吴　　　复核:　　　开票人:　　　销货单位:(章)

第三联 : 抵扣联 购货方抵扣凭证

【业务 9 - 3】

中国工商银行　电汇凭证

委托日期　2011 年 12 月 4 日　　　　　　　　　凭证编号

汇款	全　　称	合肥宏达有限责任公司	收款	全　　称	安徽华东机床厂
	账　　号	999888		账　　号	345678
	汇出地点	安徽省合肥市		汇入地点	安徽省马鞍山市

汇出行名称	工行合肥市大钟楼支行	汇入行名称	马鞍山市工行佳山支行

金额	人民币(大写)捌拾壹万捌仟陆佰元整	千	百	十	万	千	百	十	元	角	分
		¥	8	1	8	6	0	0	0	0	0

附加信息及用途：	支付密码	
	银行盖章	根据中国工商银行合肥宏达公司客户 081205 号指令,上述款项已由本行支付。 客户经办人员:1122 复核:　记账:

【业务 9 - 4】

公路、内河货物运输业统一发票

发　票　联

开票日期:2011 年 12 月 4 日

发票代码:407567651214

发票号码:07890234

机打代码	407567651214 07890234		税控码	略	
机打号码					
机器编号					
收货人及 纳税人识别号	合肥宏达公司 653388		承运人及 纳税人识别号	马鞍市文运公司 357248	
发货人及 纳税人识别号			主管税务 机关及代码	马鞍山市地税局	
运输项目及金额	货物名称	设备 A	其他项目及金额	费用名称	金额	备注(手写无效)
	数量(kg)			搬运装卸费	0	起运地:马鞍山市
	单位运价			仓储费	0	到达地:合肥市
	计费里程			保险费	0	车(船)号:皖 ETP258
	运费金额	¥11,300		其他	0	代开单位章
运费小计	¥11,300		其他费用小计		¥0.00	
合计(大写)	壹万壹仟叁佰元整					
代开单位 及代码			扣缴税额、税率 完税凭证号码	/ - >完税凭证号 - >税率 - >税额/ - >3442648 卡 - >7% - >791.00/ - > 　 - > 　 - >	

注:设备 A 需要安装,已投入安装。　　　　　　开票人:

【业务10】

领　料　单

材料类别　　　　　　　　　　　　　　　　　　　　　　领用部门编号＿＿＿＿＿
领用部门　　　　　　　　　2011 年 12 月 5 日　　　　　发料部门编号＿＿＿＿＿

材料编号	材料名称	规　格	单位	数　量			单价(元)	总价(元)
				请领数	核准数	实发数		
	甲材料		kg	1000	1000	1000	92	92000
用　途		生产 A 产品						

领料部门　一车间　　　　　　　　　领料人　吴　　　　　　　　　核准人　司
发料人　林　　　　　　　　　　　　负责人　李立

【业务11】

领　料　单

材料类别　　　　　　　　　　　　　　　　　　　　　　领用部门编号＿＿＿＿＿
领用部门　　　　　　　　　2011 年 12 月 5 日　　　　　发料部门编号＿＿＿＿＿

材料编号	材料名称	规　格	单位	数　量			单价(元)	总价(元)
				请领数	核准数	实发数		
	乙材料		kg	1000	1000	1000	215	215000
用　途		生产 C 产品(840kg)和 B 产品(160kg)						

领料部门　二车间　　　　　　　　　领料人　姜　　　　　　　　　核准人　丁
发料人　林　　　　　　　　　　　　负责人　李立

【业务 12-1】

3400082140 **安徽增值税专用发票** NO04256178

校验码　　　　　　　此联不作报销、扣税凭证使用　开票日期:2011 年 12 月 6 日

购货单位	名　称:安徽东山化工厂 纳税人识别号:750626 地址、电话:安徽省淮南市　8646724 开户行及账号:工行淮南市金源支行　324753	密码区	略

货物或应税劳务名称	规格型号	单位	数量	单价	金　额	税率	税　额
甲材料		kg	50	140.00	7000.-	17%	1190.-
合　计					￥7000.-		￥1190.-

价税合计(大写)	捌仟壹佰玖拾元整	(小写)￥8190.-

销货单位	名　称:合肥宏达有限责任公司 纳税人识别号:653388 地址、电话:安徽省合肥市　3588883 开户行及账号:工行合肥市大钟楼支行　999888	备注	

收款人:孙　　复核:　　开票人:　　销货单位:(章)

【业务 12-2】

商品物资出库单

购货单位:　　　　　2011 年 12 月 6 日　　　　编号:008812

编　号	名称及规格	单　位	数　量	单位成本	总成本	备　注
	甲材料	kg	50	92	4600	
合　计			50		4600	

主管:　　　记账:　　　出库人:林　　　制单:

【业务 13 - 1】

中国工商银行　进账单

2011 年 12 月 7 日　　　　　　　　　　　　　　　凭证编号

<table>
<tr><td rowspan="3">汇款</td><td>全　称</td><td>青峰化工厂</td><td rowspan="3">收款人</td><td>全　称</td><td colspan="2">合肥宏达有限责任公司</td></tr>
<tr><td>账　号</td><td>634215</td><td>账　号</td><td colspan="2">999888</td></tr>
<tr><td>开户行</td><td>工行安庆市东湖支行</td><td>开户行</td><td colspan="2">工行合肥市大钟楼支行</td></tr>
<tr><td>金额</td><td colspan="2">人民币(大写)叁万伍仟壹佰元整</td><td></td><td>千 百 十 万 千 百 十 元 角 分</td><td>¥ 3 5 1 0 0 0 0 0</td></tr>
<tr><td>票据种类</td><td>支票</td><td>票据张数</td><td>壹</td><td colspan="3"></td></tr>
<tr><td>票据号码</td><td colspan="3"></td><td colspan="3"></td></tr>
</table>

复核：　　　记账：　　　　　　　　收款人开户银行签章

此联是收款人开户银行交给收款人的收账通知

【业务 13 - 2】

3400082140　　　　　　# 安徽增值税专用发票　　　NO2718970

校验码　　　　　此联不作报销、扣税凭证使用　　开票日期:2011 年 12 月 7 日

<table>
<tr><td rowspan="4">购货单位</td><td colspan="6">名　　　称:青峰化工厂</td><td rowspan="4">密码区</td><td rowspan="4">略</td></tr>
<tr><td colspan="6">纳税人识别号:375425</td></tr>
<tr><td colspan="6">地址、电话:安徽省安庆市　3672895</td></tr>
<tr><td colspan="6">开户行及账号:工行安庆市吴越支行　748219</td></tr>
<tr><td>货物或应税劳务名称</td><td>规格型号</td><td>单位</td><td>数量</td><td>单价</td><td>金　额</td><td>税率</td><td>税　额</td></tr>
<tr><td>设备 W</td><td></td><td>台</td><td>1</td><td>30000</td><td>30000.-</td><td>17%</td><td>5100.-</td></tr>
<tr><td>合　　计</td><td></td><td></td><td></td><td></td><td>¥30000.-</td><td></td><td>¥5100.-</td></tr>
<tr><td>价税合计(大写)</td><td colspan="5">叁万伍仟壹佰元整</td><td colspan="2">(小写)¥35100.-</td></tr>
<tr><td rowspan="4">销货单位</td><td colspan="6">名　　　称:合肥宏达有限责任公司</td><td rowspan="4">备注</td><td rowspan="4"></td></tr>
<tr><td colspan="6">纳税人识别号:653388</td></tr>
<tr><td colspan="6">地址、电话:安徽省合肥市　3588883</td></tr>
<tr><td colspan="6">开户行及账号:工行合肥市大钟楼支行　999888</td></tr>
</table>

收款人:孙　　　复核：　　　开票人：　　　　销货单位:(章)

第一联：记账联　销货方记账凭证

【业务 13 - 3】

固定资产出售通知单

购买单位：   2011 年 12 月 7 日

出售原因及依据		不需用			出售价格			30,000	
固定资产名称	规格及型号	单位	数量	预计使用年限	已使用年限	原 值	已提折旧	净 值	
设备 W		台	1	5	2	55,000	30,000	25,000	
批准部门	（盖章）		设备负责人		（盖章）		单位负责人		（盖章）

注：设备 W 为非生产用设备。

【业务 14 - 1】

安徽省货物销售统一发票

(11)印字第 2 号   **发 票 联**   发票代码:134023674521

客户名称:合肥宏达有限责任公司   发票号码:02713490

品 名	规 格	单 位	数 量	单 价	金 额							
					万	千	百	十	元	角	分	
清理费用					¥	1	0	0	0	0	0	
合计金额(大写)壹仟元整												
销售单位纳税人登记号												
备 注												

销售单位   电话：   收款：   开票:刘

（盖章有效）   地址：   2011 年 12 月 8 日

【业务 14 - 2】

中国工商银行
转账支票存根
XⅣ03645739

附加信息：＿＿＿＿＿＿＿＿＿＿＿＿＿

＿＿＿＿＿＿＿＿＿＿＿＿＿＿＿＿＿＿＿

＿＿＿＿＿＿＿＿＿＿＿＿＿＿＿＿＿＿＿

＿＿＿＿＿＿＿＿＿＿＿＿＿＿＿＿＿＿＿

出票日期：2011 年 12 月 8 日

收　款　人	：建兴公司
金　　　额	：1000.00
用　　　途	：支付清理费用
备　　　注	：

单位主管：田丽　　　　会计：王琴

【业务 14 - 3】

固定资产清理结转表
2011 年 12 月 8 日

固定资产名称	非生产设备 W	使用单位			
原始价值	55000	累计折旧	30000	账面净值	25000
清理费用	1000	变价收入	30000	减值准备	
处理利得	4000	处置损失		其他	

制单：

【业务 15 - 1】

中华人民共和国 国
税收通用缴款书

(20111) 皖国缴联 0136538 号

注册类型:国有企业　　　　填发日期:2011 年 12 月 8 日　　　　征收机关:庐阳分局(大厅)

<table>
<tr><td rowspan="4">缴款单位(人)</td><td>代码</td><td colspan="2">34010268795106X</td><td rowspan="4">预算科目</td><td>编码</td><td colspan="3">1010102</td></tr>
<tr><td>全称</td><td colspan="2">合肥宏达有限责任公司</td><td>名称</td><td colspan="3">增值税</td></tr>
<tr><td>开户银行</td><td colspan="2">工商银行合肥市大钟楼支行</td><td>级次</td><td colspan="3">市级</td></tr>
<tr><td>账号</td><td colspan="2">999888</td><td>收缴国库</td><td colspan="3">合肥市国库</td></tr>
<tr><td colspan="4">税款所属时期　2011 年 11 月</td><td colspan="5">税款限缴日期　2011 年 12 月 10 日</td></tr>
<tr><td>品目名称</td><td>课税数量</td><td colspan="2">计税金额或销售收入</td><td>税率或单位税额</td><td colspan="2">已缴或扣除金额</td><td colspan="2">实缴金额</td></tr>
<tr><td>增值税</td><td></td><td colspan="2">147294.12</td><td>0.17</td><td colspan="2"></td><td colspan="2">25040.00</td></tr>
<tr><td></td><td></td><td colspan="2"></td><td></td><td colspan="2"></td><td colspan="2"></td></tr>
<tr><td></td><td></td><td colspan="2"></td><td></td><td colspan="2"></td><td colspan="2"></td></tr>
<tr><td></td><td></td><td colspan="2"></td><td></td><td colspan="2"></td><td colspan="2"></td></tr>
<tr><td></td><td></td><td colspan="2"></td><td></td><td colspan="2"></td><td colspan="2"></td></tr>
<tr><td></td><td></td><td colspan="2"></td><td></td><td colspan="2"></td><td colspan="2"></td></tr>
<tr><td></td><td></td><td colspan="2"></td><td></td><td colspan="2"></td><td colspan="2"></td></tr>
<tr><td colspan="9">金额合计 　(大写)贰万伍仟零肆拾元整</td></tr>
<tr><td colspan="2">缴款单位(人)
(盖章)

经办人(章)</td><td colspan="2">税务机关
(盖章)

填票人(章)</td><td colspan="3">上列款项已收妥并划转收款单位账户
国库(银行)盖章　　　年 月 日</td><td colspan="2">备注:</td></tr>
</table>

无银行收讫章无效

第一联(收据)::国库(银行)收款盖章后退缴款单位(人)作完税凭证

【业务15－2】

中华人民共和国　　　　　　　地
税收通用缴款书(联网专用)

(2011)皖地0368453号

经济类型:国有企业　　填发日期:2011年12月8日　　征收机关:庐阳分局(大厅)

缴款单位(人)代码		34010279466259X			缴款单位(人)开户行		工商银行合肥市大钟楼支行		
缴款单位(人)开户行		合肥宏达有限责任公司			缴款单位(人)账号		999888		
税款所属期限		2011/11/1　2011/11/30			税款限缴日期		2011年12月10日		
预算科目		预算级次	收款国库	品目名称	课税数量	计税金额或销售收入	税率或单位税额	已缴或扣除额	实缴金额(元)
编码	名称								
1010906	企业城市维护建设	市级	市金库	增消营税额		25040.00	0.07		1752.80
103020301	教育费附加收入	市级	市金库	增消营税额		25040.00	0.03		751.20
金额合计(大写)　贰仟伍佰零肆元整							¥2,504.00		
缴款单位(人) (盖章) 经办人(章)		税务机关 (盖章) 填票人(章)		上列款项已收妥并划转收款单位账户 国库(银行)盖章 年　月　日			备注		

无银行收讫章无效

第一联(收据):国库(银行)收款盖章后退缴款单位(人)作完税凭证

逾期不缴按税法规定加收滞纳金

【业务 15-3】

安徽省社会保险费　　　　　社保

通用缴款书（联网专用）　　　　（2011）皖地 0398018 号

经济类型:国有企业　　　　填发日期:2011 年 12 月 8 日　　　征收机关:庐阳分局（大厅）

缴款单位（人）	代码	34010168655203X	缴款所属时期	起始日期:2011 年 11 月 1 日 截止日期:2011 年 11 月 30 日
	全称	合肥宏达有限责任公司		
	开户银行	工商银行合肥市大钟楼支行		限缴日期:2011 年 12 月 10 日
	账号	999888		

| 预算科目 | | 收款国库 | 缴费人数 | 缴费基数 | 费率 | 应缴金额（元） | 已缴或扣除金额 | 实缴金额（元） |
编码	名称							
1020101	基本养老保险费	市金库	135	149600.00	0.2	29920.00		29920.00
1020101	基本养老保险费	市金库	135	149600.00	0.08	11968.00		11968.00
1020201	失业保险费	市金库	135	149600.00	0.02	2992.00		2992.00
1020201	失业保险费	市金库	135	149600.00	0.01	1496.00		1496.00
1020301	医疗保险费	市金库	135	149600.00	0.08	11968.00		11968.00
1020301	医疗保险费	市金库	135	149600.00	0.02	2992.00		2992.00
1020401	工伤保险费	市金库	135	149600.00	0.01	1496.00		1496.00
1020501	生育保险费	市金库	135	149600.00	0.008	1196.80		1196.80

金额合计（大写） 陆万肆仟零贰拾捌元捌角零分	￥64,028.80

缴款单位（人）（盖章）经办人（章）	税务机关（盖章）填票人（章）	上列款项已收妥并划转收款单位账户 国库（银行）盖章 年 月 日	备注:

第一联（收据）:国库经收处处款盖章后退缴款单位作缴纳社会保险费的凭证

【业务 15 - 4】

中华人民共和国

地

税收通用缴款书（联网专用）

（2011）皖地　0190933 号

经济类型：国营企业　　　　填发日期：2011 年 12 月 8 日　　　　征收机关：庐阳分局（大厅）

缴款单位（人）	代码	34010279466259X	缴款所属时期	起始日期：2011 年 11 月 1 日 截止日期：2011 年 11 月 30 日
	全称	合肥宏达有限责任公司		
	开户银行	工商银行合肥市大钟楼支行	限缴日期：2011 年 12 月 10 日	
	账号	999888		

预算科目		预算级次	收款国库	品目名称	课税数量	计税金额	税率或单位税额	已缴或扣除额	实缴金额
编码	名称								
101060109	其他个人所得税	中央、省、市、区	庐阳金库	工资、薪金所得		39600.00	0.05		1980.00

金额合计（大写）　壹仟玖佰捌拾元整	￥1,980.00

缴款单位（人）（盖章）经办人（章）	税务机关（盖章）填票人（章）	上列款项已收妥并划转收款单位账户 国库（银行）盖章 年　月　日	备注：

【业务 15 - 5】

合肥市住房公积金汇缴款书

签发日期　　　　　　　2011 年 12 月 8 日　　　　　　　附清册　　页

单位全称		合肥宏达有限责任公司									
公积金账号		340818408306080004636									
开户网点	徽商银行屯溪路支行		受理网点	徽商银行屯溪路支行							
汇缴	2011 年 11 月	交款方式	现金		支票	✓	其他				
缴交金额（大写）	人民币贰万玖仟玖佰贰拾元整			百	十	万	千	百	十	元	角	分
						￥ 2	9	9	2	0	0	0

上月汇缴		本月增加汇缴		本月减少汇缴		本月汇缴	
人数	金额	人数	金额	人数	金额	人数 135	金额 29920.00

（单位盖章）　　　上列款项已转入你账户　　（中心盖章）

记账人：　　　　　　　审核：

【业务 15 - 6】

中国工商银行
转账支票存根
ⅩⅣ03645740

附加信息：

出票日期：2011 年 12 月 8 日

收　款　人：合肥市住房公积金管理中心
金　　额：29920.00
用　　途：住房公积金
备　　注：

单位主管：田丽　　　　会计：王琴

【业务 16 - 1】

安徽省货物销售统一发票

(11)印字第 2 号　　　　　　　发 票 联　　　　　　　发票代码:134038643802

客户名称:合肥宏达公司　　　　　　　　　　　　　　发票号码:02713487

品　名	规　格	单　位	数　量	单　价	金　额							
					万	千	百	十	元	角	分
A 设备安装费					2	3	4	0	0	0	0
合计金额(大写)贰万叁仟肆佰元整												
销售单位纳税人登记号												
备　注												

销售单位　　　　电话:　　　　收款:　　　　开票:夏

(盖章有效)　　　地址:　　　　　　　　　2011 年 12 月 8 日

第二联　报销凭证

【业务 16 - 2】

中国工商银行

转账支票存根

　　　　ⅩⅣ03645741

附加信息:

出票日期:2011 年 12 月 8 日

收　款　人:第一安装公司
金　　额:23400
用　　途:设备安装费
备　　注:

单位主管:田丽　　　　会计:王琴

【业务 16 - 3】

领　料　单

材料类别　　　　　　　　　　　　　　　　　　　　　领用部门编号＿＿＿＿＿

领用部门　　　　　　　2011 年 12 月 9 日　　　　　　发料部门编号＿＿＿＿＿

材料编号	材料名称	规　格	单位	数　量			单价(元)	总价(元)
				请领数	核准数	实发数		
	丙材料		kg	40	40	40	50	2000
用　　途		设备 A 安装工程领用						

领料部门　　　　　　领料人　季　　　　　核准人　刘　　　　　发料人　林　　　　　负责人　李立

【业务 17】

合肥宏达有限责任公司

固定资产验收单

2011 年 12 月 9 日制

名称及规格	单位	数量	账面原值									总值中的安装费								使用年限	预计残值						存放地点
			百	十	万	千	百	十	元	角	分	十	万	千	百	十	元	角	分		万	千	百	十	元	角	分	
设备 A	台	1	¥	7	2	5	9	0	9	0	0	¥	2	3	4	0	0	0	0	10	3	6	2	9	5	4	5	二车间
来源			评估确认价									对方单位名称																

验收部门　　　　　　验收人　　　　　　承办部门负责人　　　　　　制单

【业务18－1】

中国工商银行
现金支票存根

X Ⅳ 24547613

附加信息：

出票日期：2011 年 12 月 10 日

收　款　人：合肥宏达公司	
金　　　额：3020.00	
用　　　途：上下班交通费	
备　　　注：	

单位主管：田丽　　　　　会计：王琴

【业务18－2】

合肥宏达公司12 月份交通费发放表

2011 年 12 月 10 日

姓名	天数	标准	金额	领款人签字	审核意见
赵　凡	30	1	30	赵　凡	同意
钱　英	28	1	28	钱　英	
孙　五	30	1	30	孙　五	
李　桂	30	1	30	李　桂	办公室主任 刘林 2011. 12. 10
⋮	⋮	⋮	⋮	⋮	
合　计			3,020		

会计　　　　　　　　　　出纳　　　　　　　　　　制表

【业务 19 - 1】

领 料 单

材料类别:包装物 　　　　　　　　　　　　　　　　　领用部门编号＿＿＿＿＿＿
领用部门:二车间 　　　　　　　2011 年 12 月 11 日　　　发料部门编号＿＿＿＿＿＿

| 材料编号 | 材料名称 | 规 格 | 单位 | 数　量 | | | 单价(元) | 总价(元) |
				请领数	核准数	实发数		
	木箱		个	50	50	50	18	900
用　　途	包装							

领料部门　　　　领料人　　　　　核准人　　　　　发料人　林　　　负责人　李立

【业务 19 - 2】

领 料 单

材料类别:包装物 　　　　　　　　　　　　　　　　　领用部门编号＿＿＿＿＿＿
领用部门:销售部 　　　　　　　2011 年 12 月 11 日　　　发料部门编号＿＿＿＿＿＿

| 材料编号 | 材料名称 | 规 格 | 单位 | 数　量 | | | 单价(元) | 总价(元) |
				请领数	核准数	实发数		
	木箱		个	180	180	50	18	900
						130	20	2600
用　　途	包装							

领料部门　　　　领料人　　　　　核准人　　　　　发料人　林　　　负责人　李立

【业务 20-1】

委托收款凭证(付款通知)

委托日期　2011 年 12 月 13 日　　　　　　　　第　号

付款单位	全称	合肥宏达有限责任公司		收款单位	全称	合肥市供电公司		
	开户银行	工行合肥市大钟楼支行	账号 999888		开户银行	工行合肥市包河支行	账号	998787

金额	人民币(大写)　伍仟元整	千	百	十	万	千	百	十	元	角	分
						¥	5	0	0	0	0	0

附件	款项内容	合同名称号码
附寄单证章数或册数		

备注:	付款人注意: 1. 根据结算办法,上列委托收款,在付款期限内未拒付时,即视同全部同意付款。以此联代付款通知。 2. 如需提前付款或多付款时,应写书面通知送银行办理。 3. 如系全部或部分拒付,应在付款期限内另填拒绝付款理由书送银行办理。

单位主管　　会计　　复核　　记账　　付款人开户银行盖章　　月　日

此联是付款人开户银行通知付款人按期承付货款的承付通知

【业务 20-2】

安徽省电力公司低压用户电费发票

发 票 联

发票代码:134010752201
皖国税(11)印字第 1 号　　　　发票号码:01247410

户号:413256	户名:合肥宏达有限责任公司						
托收号:	地址:						
表资产号	用电分类	本月指数	上月指数	倍率	退补电量	计费电量	单价	金额
		21959	15689	1			0.7975	¥5,000
违约金:	上次结余:	本次应收:		本次结余:			
结算金额(大写):伍仟元整		¥:5000.00					

结算时间:　　抄表:　　收费:　　开票日期:2011-12-13

第二联　报销凭证

【业务 20 - 3】

电费分配表

2011 年 12 月

用电单位及用途	消耗量（度）	分配率	电费分配金额（元）
一车间生产	2508		2000
一车间照明	627		500
二车间生产 B 产品	1755		1400
二车间照明	251		200
管理部门耗用	1129		900
合　计	6270	0.7975	5000

审核：　　　　　　　　　　　　　　　　填表：

【业务 21 - 1】

委托收款凭证（付款通知）

委托日期　2011 年 12 月 13 日　　　　　　　　第　号

付款单位	全称	合肥宏达有限责任公司		收款单位	全称	合肥市电信公司		
	开户银行	工行合肥市大钟楼支行	账号 999888		开户银行	工行合肥市大钟楼支行	账号	995858

金额	人民币（大写）　贰仟元整	千 百 十 万 千 百 十 元 角 分
		￥2 0 0 0 0 0

附件	款项内容	合同名称号码
附寄单证章数或册数		

备注：	付款人注意： 1. 根据结算办法，上列委托收款，在付款期限内未拒付时，即视同全部同意付款。以此联代付款通知。 2. 如需提前付款或多付款时，应写书面通知送银行办理。 3. 如系全部或部分拒付，应在付款期限内另填拒绝付款理由书送银行办理。

单位主管　　会计　　复核　　记账　　付款人开户银行盖章　　月　日

此联是付款人开户银行通知付款人按期承付货款的承付通知

【业务 21 - 2】

安徽电信合肥市电信资费发票

计费时段：

收费时间：11 - 12

发　票　联

发票代码：234010740005

发票号码：02539488

客户名称	合肥宏达公司	收款方	中国电信股份有限公司合肥分公司
业务号码	（略）	合同账户	AC5512006914140
客户标识码	（略）		

商务领航基础包		
月租费		
市话费		
长话费		
来电显示	上次结余	
	本次应收	2000.00
	本次实收	2000.00
	本次结余	
合计（大写）	贰仟元整	
业务公告	欢迎使用中国电信业务	

营业网点：　　　营业员：　　　复核：　　　记账：

②发票联

【业务 22 - 1】

中国工商银行

现金支票存根

ⅩⅣ24547614

附加信息：

出票日期：2011 年 12 月 14 日

收　款　人	合肥宏达公司
金　　额	8000.00
用　　途	烤火费
备　　注	

单位主管：田丽　　　会计：王琴

【业务 22 - 2】

职工烤火费发放表

2011 年 12 月 14 日

部　门	姓　名	标　准	金　额	领款人
一车间	赵　凡		35	赵　凡
一车间	钱　英		35	钱　英
一车间	孙　五		35	孙　五
一车间	李　桂		35	李　桂
⋮	⋮		⋮	
合　计			8000.00	

批准　　　　　　　　　审核　　　　　　　　　制表

【业务 22 - 3】

烤火费分配表

2011 年 12 月

一车间	生产 A 产品工人	2400.00
	管理人员	600.00
二车间	生产 B 产品工人	1200.00
	生产 C 产品工人	1680.00
	管理人员	720.00
销售部门		600.00
公司总部管理人员		800.00
合　计		8000.00

【业务 23】

中国工商银行
转账支票存根
ⅩⅣ03645742

附加信息：

出票日期：2011 年 12 月 15 日

收　款　人：工行合肥市大钟楼支行
金　　　额：118454.00
用　　　途：代发工资
备　　　注：

单位主管：田丽　　　会计：王琴

【业务 24 － 1】

工资结算汇总表

2011 年 12 月　　　　　　　　　　　　　　单位：元

部门		基本工资	经常性生产奖	津贴与补贴	加班加点工资	应扣工资		应付工资	代扣款项						实发工资
						病假	事假		养老保险(8%)	医疗保险(2%)	失业保险(1%)	住房公积金(10%)	个人所得税	合计	
一车间	生产工人	40000	3600	900	3520	100		47920	3833.60	958.40	479.20	4792.00		10063.20	37856.80
	管理人员	5000	350	100	480			5930	474.40	118.60	59.30	593.00		1245.30	4684.70
二车间	生产工人	48000	4500	1200	4230			57930	4634.40	1158.60	579.30	5793.00		12165.30	45764.70
	管理人员	6000	400	100	520		300	6720	537.60	134.40	67.20	672.00		1411.20	5308.80
销售部门		9500	700	200	890	200		11090	887.20	221.80	110.90	1109.00	850.00	3178.90	7911.10
管理部门		21000	860	500	1100		450	23010	1840.80	460.20	230.10	2301.00	1250.00	6082.10	16927.90
合计		129500	10410	3000	10740	300	750	152600	12208.00	3052.00	1526.00	15260.00	2100.00	34146.00	118454.00

注：二车间生产 B 产品耗用工时　　600 工时

C 产品耗用工时　　400 工时

【业务 24 – 2】

工资费用分配表

2011 年 12 月   单位:元

部 门		借方科目	贷方科目: 应付职工薪酬 – 工资
一车间	生产工人	生产成本 – A 产品(直接人工)	
	管理人员	制造费用——一车间	
二车间	生产工人	生产成本 – B 产品(直接人工)	
		生产成本 – C 产品(直接人工)	
	管理人员	制造费用—二车间	
销售部门		销售费用	
管理部门		管理费用	
合 计			

注:二车间生产B 产品耗用工时   600 工时
　　　C 产品耗用工时   400 工时

【业务 25】

五险一金、工会经费及职工教育经费计算提取表

2011 年 12 月   单位:元

部门		应付工资总额	社会保险费						住房公积金 (10%)	工会经费 (2%)	职工教育经费 (1.5%)	合 计
			养老保险 (20%)	医疗保险 (8%)	失业保险 (2%)	工伤保险 (1%)	生育保险 (0.8%)	社会保险费合计				
一车间	生产工人	47,920.00	9584.00	3,833.60	958.40	479.20	383.36	15,238.56	4,792.00	958.40	718.80	21,707.76
	管理人员	5,930.00	1186.00	474.40	118.60	59.30	47.44	1,885.74	593.00	118.60	88.95	2,686.29
二车间	生产工人	57,930.00	11586.00	4,634.40	1,158.60	579.30	463.44	18,421.74	5,793.00	1,158.60	868.95	26,242.29
	管理人员	6,720.00	1344.00	537.60	134.40	67.20	53.76	2,136.96	672.00	134.40	100.80	3,044.16
销售部门		11,090.00	2218.00	887.20	221.80	110.90	88.72	3,526.62	1,109.00	221.80	166.35	5,023.77
管理部门		23,010.00	4602.00	1,840.80	460.20	230.10	184.08	7,317.18	2,301.00	460.20	345.15	10,423.53
合 计		152,600.00	30520.00	12,208.00	3,052.00	1,526.00	1,220.80	48,526.80	15,260.00	3,052.00	2,289.00	69,127.80

注:二车间生产B 产品耗用工时   600 工时
　　　C 产品耗用工时   400 工时

【业务 26 – 1】

固定资产转为投资性房地产一览表

2011 年 12 月 15 日　　　　　　　　　　　　　　　单位:元

固定资产名称	门面房	使用单位	厂部		
转出固定 资产原值	87375.00	转出累计折旧	3800.00	账面净值	83575.00
投资性 房地产原值	87375.00	投资性 房地产累计折旧	3800.00	账面净值	83575.00
投资性 房地产月折旧率	0.60%	投资性 房地产每月折旧额	524.25	其他	协议 009

制单:田玉

【业务 26 – 2】

中国工商银行　进账单(收款通知)

2011 年 12 月 15 日

汇款	全　称	合肥腾飞商贸公司	收款人	全　称	合肥宏达有限责任公司										
	账　号	324684		账　号	999888										
	开户行	工行合肥市马鞍山路支行		开户行	工行合肥市大钟楼支行										
金额	人民币(大写)　壹仟肆佰元整					千	百	十	万	千	百	十	元	角	分
									¥	1	4	0	0	0	0
票据种类	支票	票据张数	壹												
票据号码															

复核:　　　记账:　　　　　　　　　　收款人开户银行签章

此联是收款人开户银行交给收款人的收账通知

【业务26-3】

安徽省货物销售统一发票

(08)印字第2号　　　　　　　　记 账 联　　　　　　　　发票代码:134023568349

客户名称:合肥腾飞商贸公司　　　　　　　　　　　　　　发票号码:02726837

品　名	规　格	单　位	数　量	单　价	金　额						
					万	千	百	十	元	角	分
门面房租金						¥ 1	4	0	0	0	0
合计金额(大写)　壹仟肆佰元整											
销售单位纳税人登记号											
备　注											

销售单位　　　　　电话:　　　　　收款:　　　　　开票:林

(盖章有效)　　　　地址:　　　　　　　　　　　2011 年 12 月 15 日

【业务27-1】

3400082140　　　　　　# 安徽增值税专用发票　　　　　NO05327589

校验码　　　　　　　此联不作报销、扣税凭证使用　　开票日期:2011 年 12 月 16 日

购货单位	名　称:安徽中大化工公司 纳税人识别号:786426 地址、电话:安徽省合肥市　3562759 开户行及账号:徽商银行合肥市金寨路支行　858584					密码区	略		
货物或应税劳务名称	规格型号	单位	数量	单价	金　额		税率	税　额	
A 产品		箱	100	4000.-	400000.-		17%	68000.-	
合　计					¥400000.-			¥68000.-	
价税合计(大写)		肆拾陆万捌仟元整					(小写)¥468000.-		
销货单位	名　称:合肥宏达有限责任公司 纳税人识别号:653388 地址、电话:安徽省合肥市　3588883 开户行及账号:工行合肥市大钟楼支行　999888					备注			

收款人:孙　　　　复核:　　　　开票人:　　　　销货单位:(章)

【业务 27 -2】

商业承兑汇票

出票日期　贰零壹壹年壹拾贰月壹拾陆日　　　　第　号

付款人	全　称	安徽中大化工公司	收款人	全　称	合肥宏达有限责任公司
	账　号	858584		账　号	999888
	开户银行	徽商银行合肥市金寨路支行		开户银行	工行大钟楼支行

金额	人民币（大写）　肆拾陆万捌仟元整	千	百	十	万	千	百	十	元	角	分
				¥	4	6	8	0	0	0	0

汇票到期日	贰零壹贰年叁月壹拾陆日	付款人开户行	行号	438 - 12
交易合同号码	10012		地址	安徽省合肥市

本汇票已经承兑，到期日无条件支付票款。

承兑人盖章
2011 年 12 月 16 日

本汇票请予以承兑，于到期日付款。

出票人签章

此联持票人开户行随结算凭证寄付款人开户行作借方凭证附件

【业务 27 -2】　　背面

注 意 事 项

一、付款人于汇票到期日前须将票款足额交存开户银行，如账户存款余额不足时，银行比照空头支票处以罚款。

二、本汇票经背书可以转让。

被背书人	被背书人	被背书人
背书	背书	背书
日期　年 月 日	日期　年 月 日	日期　年 月 日

【业务27-3】

商品物资出库单

购货单位:安徽中大化工公司　　　　2011 年 12 月 16 日　　　　　　　编号:008813

编　号	名称及规格	单　位	数　量	备　注
	A 产品	箱	100	
	合　　计			

主管:　　　　　　记账:　　　　　　　　出库人:　　　　　　　制单:

第二联::记账联

【业务28-1】

3400082140　　　　　　## 安徽增值税专用发票　　　　NO05342564

校验码　　　　　　　　此联不作报销、扣税凭证使用　　开票日期:2011 年 12 月 16 日

购货单位	名　称:上海市化工公司 纳税人识别号:432578 地址、电话:上海市　84325638 开户行及账号:工行上海市陆家嘴支行　888586				密码区		略		
货物或应税劳务名称	规格型号	单位	数量	单价	金　额		税率	税　额
B 产品		箱	200	2500.-	500000.-		17%	85000.-
合　　计					￥500000.-			￥85000.-
价税合计(大写)	伍拾捌万伍仟元整					(小写)￥585000.-		
销货单位	名　称:合肥宏达有限责任公司 纳税人识别号:653388 地址、电话:安徽省合肥市　3588883 开户行及账号:工行合肥市大钟楼支行　999888				备注				

收款人:孙　　　　复核:　　　　　开票人:　　　　销货单位:(章)

第一联::记账联　销货方记账凭证

【业务 28-2】

托收承付凭证（回单）

委托日期　2011 年　12 月 16 日　　　　　　　第　号

业务类型		委托收款（□邮划、□电划）　托收承付（□邮划、□电划）														
付款人	全称	上海市化工公司			收款人	全称	合肥宏达有限责任公司									
	账号	888586				账号	999888									
	地址	上海市	开户行	陆家嘴支行		地址	合肥市	开户行	大钟楼支行							

金额	人民币（大写）　伍拾捌万伍仟玖佰元整	千	百	十	万	千	百	十	元	角	分
			5	8	5	9	0	0	0	0	0

款项内容	货款	托收凭据名称		附寄单据张数	贰张

商品发运情况	已发货	合同名称号码	1008

备注：验货付款　　　　　款项收妥日期

收款人开户银行盖章
2011 年 12 月 16 日

复核　　记账　　　　年　月　日

【业务 28-3】

商品物资出库单

购货单位：上海市化工公司　　　2011 年 12 月 16 日　　　编号：008814

编　号	名称及规格	单　位	数　量	备　注
	B 产品	箱	200	
合　计				

主管：　　　记账：　　　出库人：　　　制单：

【业务28-4】

公路、内河货物运输业统一发票

发 票 联

发票代码:407562368226

开票日期:2011 年 12 月 16 日

发票号码:07853794

机打代码			税控码	略
机打号码	407562368226	07853794		
机器编号				
收货人及纳税人识别号	上海市化工公司 432578		承运人及纳税人识别号	合肥市昌河公司 476325
发货人及纳税人识别号	合肥宏达公司 653388		主管税务机关及代码	合肥市地税局

运输项目及金额	货物名称 B 产品	其他项目及金额	费用名称	金额	备注(手写无效)
	数量(箱) 200		搬运装卸费	0	起运地:合肥市
	单位运价		仓储费	0	到达地:上海市
	计费里程		保险费	0	车(船)号:皖 AJE158
	运费金额 ¥900		其他	0	代开单位章

运费小计	¥900	其他费用小计	¥0.00
合计(大写)	玖佰元整		

代开单位及代码		扣缴税额、税率完税凭证号码	/ - >完税凭证号 - >税率 - >税额/ - >3442648 卡 - >7% - >63.00/ - > - > - >

注:现金代垫运杂费。　　　　　　　　　　开票人:

第一联　发票联　付款方记账凭证

【业务29-1】

差旅费报销表

报销部门:采购部　　　　　　报销日期:2011 年 12 月 17 日

姓名	刘明	职别		出差事由		采购		附单据	张
起程时间地点				到达时间地点			车船费	住宿费	途中补助		其他	合计

月	日	时	地点	月	日	时	地点	车船费	住宿费	天数	金额	其他	合计
12	6	14	合肥	12	6	17	上海	166	1050	8	400	市内交通	18
12	13	16	上海	12	13	19	合肥	166					
合计								332	1050		400		18
审核意见:				总计人民币(大写)壹仟捌佰元整						¥1800.00			
说明:										会计: 出纳:			

【业务 29 - 2】

收　据

NO6031061

入账日期　2011 年 12 月　17 日

交款单位刘明　　　　　　　　　　　　　　收款方式　现金

人民币(大写)贰佰元整　　　　　　　　　　　　　　￥200.00

收款事由　多余借款

2011 年 12 月 17 日

单位盖章	财会主管	记账	出纳	审核	经办

②代收款凭证单

【业务 30】

中国工商银行　进账单(收款通知)

2011 年 12 月 18 日

汇款	全　称	大兴化工商店	收款人	全　称	合肥宏达有限责任公司									
	账　号	212121		账　号	999888									
	开户行	徽商银行合肥市屯溪路支行		开户行	工行合肥市大钟楼支行									
金额	人民币(大写)　壹万伍仟元整					千	百	十	万	千	百	十	元	角	分
								￥	1	5	0	0	0	0	0
票据种类	商业承兑汇票	票据张数	壹											
票据号码														
复核：　　记账：				收款人开户银行签章										

此联是收款人开户银行交给收款人的收账通知

【业务 31】

流动资产清查报告单

2011 年 12 月 20 日　　　　　　　　　　　　　　　NO. 1201

类别	财产名称规格	单位	单价	账面数量	实物数量	盘盈		盘亏			盈亏原因
						数量	金额	数量	金额	进项税转出	
	木箱	个	20					4	80	13.6	
	丙材料	kg	50			20	1000				
	合　计						1000		80	13.6	

制表：　　　　　　会计主管：　　　　　　　　企业主管：

注：应收账款——三江公司欠款逾期三年,尚未归还。

【业务 32】

合肥宏达有限责任公司

固定资产验收单

2011 年 12 月 20 日制

名称及规格	单位	数量	账面原值									总值中的安装费							使用年限	预计残值						存放地点
			百	十	万	千	百	十	元	角	分	十	万	千	百	十	元	角	分		万	千	百	十	元	角	分	
B 设备	台	1		5	0	0	0	0	0	0	0																一车间
来源	接受投资		评估确认价			450000			对方单位名称				C 公司														

验收部门　　　　　　验收人　　　　　　　承办部门负责人　　　　　　制单

注：无残值。

【业务33】

关于本月盘点盈亏情况的处理意见

各有关部门：

经盘点,本月出现盈亏。经公司办公会议研究特作如下处理：

①包装物盘亏转入管理费用。

②丙材料盘盈冲减管理费用。

③三江公司欠款拖欠不还,作坏账处理。

总经理办公室

2011 年 12 月 22 日

【业务34】

中国工商银行　进账单(收款通知)

2011 年 12 月 24 日

汇款人	全　称	西海公司		收款人	全　称	合肥宏达有限责任公司											
	账　号	812137			账　号	999888											
	开户行	建行合肥市城南支行			开户行	工行合肥市大钟楼支行											
金额	人民币(大写)　贰万元整						千	百	十	万	千	百	十	元	角	分
									¥	2	0	0	0	0	0	0
票据种类	支票		票据张数	壹												
票据号码																
	复核：　　记账：						收款人开户银行签章									

此联是收款人开户银行交给收款人的收账通知

注：西海公司前欠 10000 元。

【业务 35 - 1】

债务重组协议

重组时间:2011 年 12 月 24 日

债权人:合肥宏达有限责任公司

债务人:明华公司

重组协议:因明华公司财务困难无法按原条件偿还壹拾万元(￥100000)的债务,经协商,同意明华公司只偿还捌万元(￥80000),免除其贰万元(￥20000)的债务。

债权人签字(盖章)　　　　　　　　　　　　债务人签字(盖章)

2011 年 12 月 24 日　　　　　　　　　　　2011 年 12 月 24 日

【业务 35 - 2】

中国工商银行　进账单(收款通知)

2011 年 12 月 24 日

汇款人	全　称	明华公司		收款人	全　称	合肥宏达有限责任公司										
	账　号	453678			账　号	999888									
	开户行	建行合肥市青年路支行			开户行	工行合肥市大钟楼支行									
金额	人民币(大写)　捌万元整					千	百	十	万	千	百	十	元	角	分
								￥8	0	0	0	0	0	0	0
票据种类	支票	票据张数	壹												
票据号码															
		复核:　　　记账:			收款人开户银行签章										

此联是收款人开户银行交给收款人的收账通知

【业务36】

中国工商银行 存(贷)款利息回单

币种:人民币　　　　　　　　单位:元　　　　　　2011 年 12 月 25 日

<table>
<tr><td rowspan="2">付款单位</td><td>户　名</td><td colspan="2">工行合肥市大钟楼支行</td><td rowspan="2">收款单位</td><td>户　名</td><td colspan="2">合肥宏达有限责任公司</td></tr>
<tr><td>账　号</td><td colspan="2">324568</td><td>账　号</td><td colspan="2">999888</td></tr>
<tr><td colspan="2">实收(付)金额</td><td colspan="2">2000.00</td><td colspan="2">计息户账号</td><td></td></tr>
<tr><td colspan="2">借据编号</td><td colspan="2"></td><td colspan="2">借据序号</td><td></td></tr>
<tr><td rowspan="4">备注</td><td>起息日期</td><td>止息日期</td><td colspan="2">积数息余</td><td colspan="2">利率</td><td>利息</td></tr>
<tr><td>2011-9-21</td><td>2011-12-20</td><td colspan="2"></td><td colspan="2"></td><td>2000.00</td></tr>
<tr><td colspan="7"></td></tr>
<tr><td colspan="7"></td></tr>
<tr><td colspan="3">调整利息:0.00</td><td colspan="5">冲正利息:　0.00</td></tr>
<tr><td colspan="6">应收(付)利息合计人民币贰仟元整</td><td colspan="2">￥2000.00</td></tr>
</table>

【业务37】

无形资产累计摊销表

2011 年 12 月 25 日　　　　　　　　金额单位:元

无形资产项目	原值	预计摊销年限	已摊销价值	本月摊销金额	尚未摊销金额
G 专利权	240000	10 年	60000	2000	178000
合　计	240000		60000	2000	178000

制表:

【业务38】

固定资产与投资性房地产折旧计提表

2011 年 12 月

使用部门和资产类别			固定资产原价	上月增加固定资产原价	上月减少固定资产原价	月折旧率	月折旧额
固定资产	一车间	厂房		无	无		
		机器		无	无		
	二车间	厂房		无	无		
		机器		无	无		
	非生产用固定资产			无	无		
投资性房地产							
合　　计							

【业务39－1】

固定资产转移单

调出单位:合肥宏达公司

调入单位:H公司　　　　　　　　2011 年 12 月 26 日　　　　　　　　转移单号:

转移原因			对 H 公司投资		评估价值		¥5850. -
固定资产名称	规格及型号	单位	数量	预计使用年限	已使用年限	原值（元）	已提折旧（元）	净值（元）
设备 C		套	1			6000	1000	5000

调出单位		调入单位	
财务科长: 设备科长:	（公章）	财务科长: 设备科长:	（公章）

注:设备 C 为非生产用设备。

【业务39-2】

3400082140 | **安徽增值税专用发票** | NO05342564

校验码

| 购货单位 | 名　称:H公司
纳税人识别号:886328
地址、电话:安徽合肥市　3662759
开户行及账号:徽商银行金寨路支行　668586 | 密码区 | 略 |

货物或应税劳务名称	规格型号	单位	数量	单价	金额	税率	税额
设备C		套	1	5000.-	5000.-	17%	850.-
合　计					￥5000.-		￥850.-

| 价税合计(大写) | 伍仟捌佰伍拾元整 | (小写)￥5850.- |

| 销货单位 | 名　称:合肥宏达有限责任公司
纳税人识别号:653388
地址、电话:安徽省合肥市　3588883
开户行及账号:工行合肥市大钟楼支行　999888 | 备注 | |

收款人:孙　　复核:　　开票人:　　销货单位:(章)

【业务40】

中国建设银行借款凭证（代借款回单）

借款合同号码：

填写日期 2011 年 12 月 26 日

借款单位全称	合肥宏达有限责任公司	放款账号	876543	收款户账号	工行合肥市大钟楼支行 999888									
借款金额（大写）	壹佰万元整				亿	千	百	十	万	千	百	十	元	角	分
						¥1	0	0	0	0	0	0	0	0	0

借款用途	建车间	贷款年限	五年	贷款利率 年息6%	放款日期 2011 年 12 月 26 日	约定还款日期 2016 年 12 月 26 日

向中国建设银行城南支行所借之款，本单位愿意遵守该行贷款办法及有关政策规定，并按期归还。

以上借款已核批发放。

借款单位印章：合肥宏达公司(章)
法定代表人签章：×××

银行业务公章(章)

银行审批意见	信贷员	信贷科长	行长
	×××	×××	×××

银行记账日期 2011 年 12 月 26 日

由银行签章后交借款单位记账

【业务 41 - 1】

3400082140　　　　　　　**安徽增值税专用发票**　　　　NO03426384

校验码　　　　　　　　　　**发　票　联**　　　　开票日期:2011 年 12 月 27 日

购货单位	名　　　称:合肥宏达有限责任公司 纳税人识别号:653388 地址、电话:安徽省合肥市　3588883 开户行及账号:工行合肥市大钟楼支行　999888				密码区	略		
货物或应税劳务名称	规格型号	单位	数量	单价	金　额	税率	税　额
建筑材料 C		吨	100	1000. -	10000. -	17%	17000. -
合　　计					￥100000. -		￥17000. -
价税合计(大写)	壹拾壹万柒仟元整				(小写)￥117000. -		
销货单位	名　　　称:合肥市兴发建材公司 纳税人识别号:323694 地址、电话:安徽省合肥市　3462578 开户行及账号:工行合肥市陈岗支行　111166				备注			

收款人:吴　　　　复核:　　　　开票人:　　　　销货单位:(章)

第二联:发票联　购货方记账凭证

【业务 41 - 2】

3400082140　　　　　　　**安徽增值税专用发票**　　　　NO03426384

校验码　　　　　　　　　　**抵　扣　联**　　　　开票日期:2011 年 12 月 27 日

购货单位	名　　　称:合肥宏达有限责任公司 纳税人识别号:653388 地址、电话:安徽省合肥市　3588883 开户行及账号:工行合肥市大钟楼支行　999888				密码区	略		
货物或应税劳务名称	规格型号	单位	数量	单价	金　额	税率	税　额
建筑材料 C		吨	100	1000. -	10000. -	17%	17000. -
合　　计					￥100000. -		￥17000. -
价税合计(大写)	壹拾壹万柒仟元整				(小写)￥117000. -		
销货单位	名　　　称:合肥市兴发建材公司 纳税人识别号:323694 地址、电话:安徽省合肥市　3462578 开户行及账号:工行合肥市陈岗支行　111166				备注			

收款人:吴　　　　复核:　　　　开票人:　　　　销货单位:(章)

第三联:抵扣联　购货方记账凭证

【业务41－3】

中国工商银行
转账支票存根
<u>　　　　ⅩⅣ03645743　　　　</u>

附加信息：<u>　　　　　　　　　　　</u>

<u>　　　　　　　　　　　　　　　</u>

<u>　　　　　　　　　　　　　　　</u>

<u>　　　　　　　　　　　　　　　</u>

出票日期：2011 年 12 月 15 日

收　款　人：合肥市兴发建材公司
金　　　额：117000.00
用　　　途：材料款
备　　　注：

单位主管：田丽　　　　会计：王琴

【业务41－4】

材料物资入库验收单

售货单位：合肥市兴发建材公司　　　　　　　　　　　　　验字第 1104 号

单据号数：　　　　　　　　2011 年 12 月 27 日　　　　　结算方式：

材料编号	品名及规格	计量单位	数　量		实际金额	
			采购	实收	单价（元）	总价（元）
	建筑材料 C	吨	100	100	1000	100000
验收意见和入库时间			计划价格		运　费	
			单价（元）	总价（元）	税　金	17000
					合　计	117000

仓库主管：　　　　　材料会计：　　　　　收料员：　　　　　经办人：　　　　　制单：

注：建筑材料 C 用于三车间工程建设。

第三联：记账联

【业务 42 - 1】

中国工商银行
现金支票存根
ⅩⅣ24547615

附加信息：_____

_____

_____

_____

出票日期：2011 年 12 月 28 日

收　　　款　　人	:公司办公室
金　　　　　额	:4000.00
用　　　　　途	:业务招待费
备　　　　　注	:

单位主管：田丽　　　　会计：王琴

【业务 42 - 2】

安徽省合肥市服务娱乐业有奖发票
发　票　联

除客户名称外，非机器打印及无发票专用章或财务专用章无效

发票代码：　　　　　　　234010800504

发票号码：　　　　　　　00771807

税务登记号：　340104480101351 - 1

客户

2011 - 12 - 28　　合肥　　　0771807

餐饮费　　　　　　　　　　　4,000.00

小计　　　　　　　4,000.00

现金　　　　　　　　　　　　4,000.00

肆仟元零角零分

防伪码 00006658000806DFD800076F

合肥庐阳区美利酒都

地址:桐城路 148 号

1 - 0000026212 - 5046080047

合肥市地方税务局印刷厂印刷；

电话:(0551)4310841

批准字号：合地税发字第 20110038 号

【业务43-1】

3400082140

安徽增值税专用发票

NO4425678

校验码　　　　　　　　　　**发 票 联**　　　　　开票日期:2011 年 12 月 29 日

购货单位	名　　称:合肥宏达有限责任公司 纳税人识别号:653388 地址、电话:安徽省合肥市　3588883 开户行及账号:工行合肥市大钟楼支行　999888				密码区		略		
货物或应税劳务名称	规格型号	单位	数量	单价	金　额		税率	税　额	
工作服		套	300	100.-	30000.-		17%	5100.-	
合　计					¥30000.-			¥5100.-	
价税合计(大写)	叁万伍仟壹佰元整					(小写)¥35100.-			
销货单位	名　　称:合肥市劳保用品商品 纳税人识别号:346284 地址、电话:安徽省合肥市　3678528 开户行及账号:工行合肥市屯溪路支行　444555				备注				

收款人:王　　　　复核:　　　　开票人:　　　　销货单位:(章)

【业务43-2】

3400082140

安徽增值税专用发票

NO04425678

校验码　　　　　　　　　　**抵 扣 联**　　　　　开票日期:2011 年 12 月 29 日

购货单位	名　　称:合肥宏达有限责任公司 纳税人识别号:653388 地址、电话:安徽省合肥市　3588883 开户行及账号:工行合肥市大钟楼支行　999888				密码区		略		
货物或应税劳务名称	规格型号	单位	数量	单价	金　额		税率	税　额	
工作服		套	300	100.-	30000.-		17%	5100.-	
合　计					¥30000.-			¥5100.-	
价税合计(大写)	叁万伍仟壹佰元整					(小写)¥35100.-			
销货单位	名　　称:合肥市劳保用品商店 纳税人识别号:346284 地址、电话:安徽省合肥市　3678528 开户行及账号:工行合肥市屯溪路支行　444555				备注				

收款人:王　　　　复核:　　　　开票人:　　　　销货单位:(章)

【业务43-3】

中国工商银行
转账支票存根

XⅣ03645744

附加信息：＿＿＿＿＿＿＿＿＿＿＿＿＿＿＿＿

＿＿＿＿＿＿＿＿＿＿＿＿＿＿＿＿＿＿＿＿

＿＿＿＿＿＿＿＿＿＿＿＿＿＿＿＿＿＿＿＿

出票日期：2011 年 12 月 29 日

收　款　人：劳保用品商店
金　　额：35100.00
用　　途：购工作服款
备　　注：

单位主管：田丽　　　　会计：王琴

【业务43-4】

材料物资入库验收单

售货单位：　　　　　　　　　　　　　　　　　　　　　验字第 1105 号

单据号数：　　　　　　　2011 年 12 月 29 日　　　　结算方式：

材料编号	品名及规格	计量单位	数　量		实际金额	
			采购	实收	单价（元）	总价（元）
	工作服	套	300	300	100	30000
验收意见和入库时间			计划价格		运　费	
			单价（元）	总价（元）	税　金	
					合　计	30000

仓库主管：　　　　材料会计：　　　　收料员：　　　　经办人：　　　　制单：

【业务44-1】

领 料 单

材料类别 _____　　　　　　　　　　　　　　　　　领用部门编号_____

领用部门:一车间　　　　　　　2011 年 12 月 29 日　　　　发料部门编号_____

材料编号	材料名称	规 格	单位	数　　量			单 价（元）	总 价（元）
				请领数	核准数	实发数		
	工作服		套	100	100	100		
用　　途		一车间领用工作服						

领料部门　　　　　　领料人　　　　　　核准人　　　　　　发料人　　　　　　负责人

【业务44-2】

领 料 单

材料类别 _____　　　　　　　　　　　　　　　　　领用部门编号_____

领用部门:二车间　　　　　　　2011 年 12 月 29 日　　　　发料部门编号_____

材料编号	材料名称	规 格	单位	数　　量			单 价（元）	总 价（元）
				请领数	核准数	实发数		
	工作服		套	120	120	120		
用　　途		二车间领用工作服						

领料部门　　　　　　领料人　　　　　　核准人　　　　　　发料人　　　　　　负责人

【业务45-1】

材料成本差异率计算表		
2011 年 12 月 30 日		
摘　　要	甲材料	乙材料
期初结存材料成本差异		
本期入库材料成本差异		
材料成本差异合计		
期初结存材料计划成本		
本期入库材料计划成本		
原材料计划成本合计		
材料成本差异率 = 材料成本差异合计/计划成本合计		

制表人

【业务 45 - 2】

发出材料成本差异分摊表

2011 年 12 月 30 日

领用单位及用途	甲 材 料			乙 材 料		
	计划成本	差异率	差异额	计划成本	差异率	差异额
合计						

制表人：

【业务 46】

材料物资入库验收单

售货单位：　　　　　　　　　　　　　　　　　　　　　　　验字第 1105 号

单据号数：　　　　　　　2011 年 12 月 30 日　　　　　　　结算方式：

材料编号	品名及规格	计量单位	数 量		实际金额	
			采购	实收	单价(元)	总价(元)
	甲材料	kg	500	500		
验收意见和入库时间			计划价格		运　费	
			单价(元)	总价(元)	税　金	
			92	46000	合　计	

仓库主管：　　　　材料会计：　　　　收料员：　　　　经办人：　　　　制单：

第三联：记账联

【业务 47】

中国工商银行 存（贷）款利息回单

币种：人民币　　　　　　　　　单位：元　　　　　　　　2011 年 12 月 31 日

付款单位	户 名	合肥宏达有限责任公司	收款单位	户 名	工商银行合肥市城南支行
	账 号	工行合肥市大钟楼支行　999888		账 号	798866

实收（付）金额	￥13000.00	计息户账号		
借据编号		借据序号		

备注	起息日期	止息日期	积数息余	利率	利息
	2011 – 10 – 1	2011 – 12 – 31			13000.00

调整利息：0.00　　　　　冲正利息：　0.00

应收（付）利息合计人民币壹万叁仟元整　　　　￥13000.00

【业务 48】

2011 年 12 月 31 日，M 公司股票当日收盘价为 17 元/股。

【业务 49 - 1】

中国工商银行
转账支票存根

Ⅹ Ⅳ 03645745

附加信息：_____

_____

_____

_____

出票日期：2011 年 12 月 31 日

收 款 人：合肥市电视台
金 额：3000.00
用 途：广告费
备 注：

单位主管：田丽　　　　会计：王琴

【业务49-2】

安徽省合肥市商业销售发票
发 票 联

购货单位：					2011 年 12 月 31 日							
商品名称	规格	单位	数量	单价	金　额							
					万	千	百	十	元	角	分	
广告费						3	0	0	0	0	0	
合计人民币(大写) ×万叁仟零佰零拾零元零角零分					￥3,000.00							

单位(盖章)：　　　　　收款：　　　　　开票:李

第二联：发票

【业务50】

中国工商银行　进账单(收款通知)
2011 年 12 月 31 日

汇款	全　称	G 公司		收款人	全　称	合肥宏达有限责任公司									
	账　号	643686			账　号	999888									
	开户行	工行芜湖市高新区支行			开户行	工行合肥市大钟楼支行									
金额	人民币(大写)					千	百	十	万	千	百	十	元	角	分
结算方式	电汇	票据张数	壹												
票据号码															
		复核：　　　记账：				收款人开户银行签章									

此联是收款人开户银行交给收款人的收账通知

注:收到 G 公司分来的税后股利,双方所得税率均为 25%,金额按参加实习学生本人学号最后两位数乘以 1000。

【业务51】

制造费用分配表

2011 年 12 月 31 日

分配对象(产品名称)	分配标准	分配率	分配金额(元)
合　计			

复核：　　　　　　　　　　　　　　　制表：

注:按产品耗用生产工人工时分配二车间的制造费用,结转一车间制造费用。

【业务52-1】

A 产品成本计算单

年　　月　　日　　　　　　　　　单位:元

成本项目		直接材料	直接人工	燃料及动力	制造费用	合计
月初在产品成本						
本月生产费用						
生产费用合计						
完工产品数量						
月末在产品约当产量						
合　计						
费用分配率						
完工产品成本	总成本					
	单位成本					
月末在产品成本						

会计主管：　　　　　　复核：　　　　　　　　制表：

【业务 52 -2】

B 产品成本计算单

年 月 日 单位:元

成本项目		直接材料	直接人工	燃料及动力	制造费用	合 计
月初在产品成本						
本月生产费用						
生产费用合计						
完工产品数量						
月末在产品约当产量						
合 计						
费用分配率						
完工产品成本	总成本					
	单位成本					
月末在产品成本						

会计主管: 复核: 制表:

【业务 52 -3】

产成品入库验收单

交来单位及部门 验字第 号
单据号数: 年 月 日 验收仓库:

产品编号	品名及规格	计量单位	数 量		单位成本	总成本
			交库	实收		
合 计						
验收意见和入库时间:						

仓库主管: 记账: 验收: 交库: 制单:

第三联：记账联

【业务 53】

本月销售成本计算表

年　月　日

产品名称	销售数量	单位成本(元)	成本总额(元)
合　计			

复核：　　　　　　　　　　　　　　　　　　　　　　　制表：

【业务 54 - 1】

坏账准备计算表

年　月　日　　　　　　　　　　　　　单位:元

计提项目	本月坏账准备计提基数(年末应收账款余额)	计提率	应计提金额	计提前"坏账准备"账户余额	实际计提金额
应收账款					
合　计					

制表：

【业务54－2】

存货跌价准备计算提取表（单项比较法）

年　月　日　　　　　　　　　　　　单位:元

存货项目		账面价值(成本)	可变现净值	存货跌价准备提取数
原材料	甲		225680.00	
	乙		453550.00	
	丙		4100.00	
包装物	木箱		1200.00	
低值易耗品	工作服		7500.00	
库存商品	A		309600.00	
	B		264520.00	
生产成本	A		77540.00	
	B		49120.00	
	C		202512.00	
合　计			1595322.00	

制表:

【业务 55－1】 <center>**增值税纳税申报表**</center>
（适用于一般纳税人）

根据《中华人民共和国增值税暂行条例》第二十二条和第二十三条的规定制定本表,纳税人不论有无销售额,均应按主管税务机关核定的纳税期限按期填报本表,并于次月一日起十日内,向当地税务机关申报。

税款所属时间:自　　　　　　至　　　　填表日期:　　　　　金额单位:元至角分

纳税人识别号				所属行业:			
纳税人名称		法定代表人姓名		注册地址		营业地址	
开户银行及账号		企业登记注册类型				电话号码	

	项　目	栏　次	一般货物及劳务		即征即退货物及劳务	
			本月数	本年累计	本月数	本年累计
销售额	（一）按适用税率征税货物及劳务销售额	1	942000			
	其中:应税货物销售额	2				
	应税劳务销售额	3				
	纳税检查调整的销售额	4				
	（二）按简易征收办法征税货物销售额	5				
	其中:纳税检查调整的销售额	6				
	（三）免、抵、退办法出口货物销售额	7				
	（四）免税货物及劳务销售额	8				
	其中:免税货物销售额	9				
	免税劳务销售额	10				
税款计算	销项税额	11	160140			
	进项税额	12	184461			
	上期留抵税额	13				
	进项税额转出	14	13.6			
	免抵退货物应退税额	15				
	按适用税率计算的纳税检查应补缴税额	16				
	应抵扣税额合计	17 = 12 + 13 − 14 − 15 + 16	184447.4			
	实际抵扣税额	18(如 17 < 11,则为 17,否则为 11)	160140			
	应纳税额	19 = 11 − 18				
	期末留抵税额	20 = 17 − 18	24307.4			
	按简易征收办法计算的应纳税额	21				
	按简易征收办法计算的查补应纳税额	22				
	应纳税额减征额	23				
	应纳税额合计	24 = 19 + 21 − 23				
税款缴纳	期初未缴税额(多缴为负数)	25				
	实收出口开具专用缴款书退税额	26				
	本期已缴税额	27 = 28 + 29 + 30 + 31				
	①分次预缴税额	28				
	②出口开具专用缴款书预缴税额	29				
	③本期缴纳上期应纳税额	30				
	④本期缴纳欠缴税额	31	25040			
	期末未缴税额(多缴为负数)	32 = 24 + 25 + 26 − 27				
	其中:欠缴税额(≥0)	33 = 25 + 26 − 27				
	本期应补(退)税额	34 = 24 − 28 − 29				
	即征即退实际退税额	35				
	期初未缴查补税额	36				
	本期入库查补税额	37				
	期末未缴查补税额	38 = 16 + 22 + 36 − 37				

授权声明	如果你已委托代理人申报,请填写下列资料: 　　为代理一切税务事宜,现授权　　　　(地址) 为本纳税人的代理申报人,任何与本申报表有关的往来文件,都可寄予此人。 　　　　　　　　　　　　授权人签字:	申报人声明	此纳税申报表是根据《中华人民共和国增值税暂行条例》的规定填报的,我相信它是真实的、可靠的、完整的。 　　　　　　　　　声明人签字:

以下由税务机关填写:　　　　　收到日期:　　　　　接收人:　　　　　主管税务机关盖章:

[业务 55 -2]

增值税纳税申报表附列资料（表一）

（本期销售情况明细）

纳税人名称：（公章）　　税款所属时间：　　填表日期：　　　金额单位：元至角分

一、按适用税率征收增值税货物及劳务的销售额和销项税额明细

项　目	栏　次	应税货物 17%税率			应税货物 13%税率			应税劳务			小　计		
		份数	销售额	销项税额	份数	销售额	销项税额	份数	销售额	销项税额	份数	销售额	销项税额
防伪税控系统开具的增值税专用发票	1												
非防伪税控系统开具的增值税专用发票	2												
开具普通发票	3												
未开具发票	4												
小　计	5 = 1 + 2 + 3 + 4												
纳税检查调整	6												
合　计	7 = 5 + 6												

二、按简易征收办法征收增值税货物的销售额和应纳税额明细

项　目	栏　次	应税货物 6%征收率			应税货物 4%征收率			小　计		
		份数	销售额	应纳税额	份数	销售额	应纳税额	份数	销售额	应纳税额
防伪税控系统开具的增值税专用发票	8									
	9									
开具普通发票	10									
未开具发票	11									
小　计	12 = 8 + 9 + 10 + 11									
纳税检查调整	13									
合　计	14 = 12 + 13									

三、免征增值税货物及劳务销售额明细

项　目	栏　次	免税货物			免税劳务			小　计		
		份数	销售额	税额	份数	销售额	税额	份数	销售额	税额
防伪税控系统开具的增值税专用发票	15									
开具普通发票	16									
未开具发票	17									
合　计	18 = 15 + 16 + 17									

【业务 55 - 3】 # 增值税纳税申报表附列资料(表二)

(本期进项税额明细)

税款所属时间:

纳税人名称:(公章)　　　　　　填表日期:　　　　　　金额单位:元至角分

一、申报抵扣的进项税额				
项　目	栏次	份数	金额	税额
(一)认证相符的防伪税控增值税专用发票	1			
其中:本期认证相符且本期申报抵扣	2			
前期认证相符且本期申报抵扣	3			
(二)非防伪税控增值税专用发票及其他扣税凭证	4			
其中:海关完税凭证	5			
农产品收购凭证及普通发票	6			
废旧物资发票	7			
运费发票	8			
6%征收率	9			
4%征收率	10			
(三)期初已征税款	11			
当期申报抵扣进项税额合计	12			

二、进项税额转出额		
项　目	栏次	税额
本期进项税转出额	13	
其中:免税货物用	14	
非应税项目用	15	
非正常损失	16	
按简易征收办法征税货物用	17	
免抵退税办法出口货物不得抵扣进项税额	18	
纳税检查调减进项税额	19	
未经认证已抵扣的进项税额	20	
	21	

三、待抵扣进项税额				
项　目	栏次	份数	金额	税额
(一)认证相符的防伪税控增值税专用发票	22			
期初已认证相符但未申报抵扣	23			
本期认证相符且本期未申报抵扣	24			
期末已认证相符但未申报抵扣	25			
其中:按照税法规定不允许抵扣	26			
(二)非防伪税控增值税专用发票及其他扣税凭证	27			
其中:17%税率	28			
13%税率及扣除率	29			
10%扣除率	30			
7%扣除率	31			
6%征收率	32			
4%征收率	33			
	34			

四、其　他				
项　目	栏次	份数	金额	税额
本期认证相符的全部防伪税控增值税专用发票	35			
期初已征税款挂账额	36			
期初已征税款余额	37			
代扣代缴税额	38			

注:第1栏 = 第2栏 + 第3栏 = 第23栏 + 第35栏 - 第25栏,第35栏 = 第2栏 + 第24栏,第25栏 = 第23栏 + 第24栏 - 第3栏,第12栏 = 第1栏 + 第4栏 + 第11栏,第13栏等于第14栏至第21栏之和,第27栏等于第28栏至第34栏之和。

【业务 55 - 4】

增值税纳税申报表附列资料(表三)

（防伪税控增值税专用发票申报抵扣明细）

申报抵扣所属期：

纳税人识别号：

纳税人名称：(公章)　　　　　　　填表日期：　　　　　金额单位:元至角分

类别	序号	发票代码	发票号码	开票日期	金额	税额	销货方纳税人识别号	认证日期	导入
本期认证相符且本期申报抵扣	1								
	2								
	3								
	4								
	5								
	6								
	7								
	8								
	9								
	小计								
前期认证相符且本期申报抵扣	10								
	11								
	12								
	13								
	14								
	15								
	小计								
合　计									

注:本表"金额""合计"栏数据应与《附列资料(表二)》第1栏中"金额"项数据相等。

本表"税额""合计"栏数据应与《附列资料(表二)》第1栏中"税额"项数据相等。

【业务 55 – 5】

增值税纳税申报附列资料（表四）

（防伪税控增值税专用发票存根联明细）

申报所属期：

纳税人识别号：

纳税人名称：(公章)

填表日期：

金额单位:元至角分

序号	发票代码	发票号码	开票日期	金额	税率	税额	购货方纳税人识别号	作废	导入	备注
1										
合计										

注:本表"金额""合计"栏数据应等于《附列资料(表一)》第1、8、15栏"小计""销售额"项数据之和,本表"税额""合计"栏数据应等于《附列资料(表一)》第1栏"小计""销项税额"、第8栏"小计""应纳税额"、第15栏"小计""税额"项数据之和。

【业务56】

合肥市地方各税(基金、费)综合申报表

微机编码： 填报日期： 年 月 日 计算单位:元(列至角分)m²

纳税人全称(盖章)					地 址		注册类型		电 话	
税务登记号			办税证号		预储开户银行		预储账号		纳税类别	
税(费)种	所属期	税目	计税项目	计征金额(数量)	税(费)率(单位税额)	应纳税(费)额	批准抵扣税(费)额	批准减免税(费)额	批准延期缴纳税	实际征收税(费)额
营业税										
城建税										
教育费附加										
水利基金										
印花税										
土地增值税										
车船税										
屠宰税										
文化事业费										
广告教育附加费										
投宿人员教育附加费										
在职职工教育附加费										
商网基金										
地方教育费附加										
房产税	所属期	使用形式	建筑面积	房产原值	计税价值	税率	税额	本期应纳税额	批准抵扣税额	批准减免税额	批准延期缴纳税额	实际征收税额
土地使用税	所属期	土地类别	实际占用应计税面积		单位税额		税额	本期应纳税额	批准抵扣税额	批准减免税额	批准延期缴纳税额	实际征收税额
固定资产投资方向调节税	所属期	建设项目名称	工程名称	实际完成投资额	销售商品房面积	税率	税额	本期应纳税额	批准抵扣税额	批准减免税额	批准延期缴纳税额	实际征收税额

纳税人声明	本单位(公司、个人)所申报的各种税款真实、准确,如有虚假内容,愿承担法律责任。 法人代表(业 主) 签名： 年 月 日	授权人声明	我(公司)现授权 为本纳税人的纳税申报代理人,其法人代表： 电话 。任何与申报有关的往来文件,都可寄此代理机构。委托代理合同号码： 授权人(法人代表、业主)签名： 年 月 日	代理人声明	本纳税申报表是按照国家税法和税务机关有关规定填报,我确信是真实的、合法的,如有不实,我愿承担法律责任。 代理人(法人代表)签名： 经办人签名： (代理人盖章) 年 月 日	税务机关填写	受理申报日期： 年 月 日 受理人签名：
税务机关声明	纳税人必须在法律、行政法规规定或者税务机关依照法律、行政法规确定的申报期限办理申报纳税;纳税人未按照规定期限申报纳税的,税务机关将按《中华人民共和国税收征收管理法》有关规定办理。					备注	请当面审核、点清开出的税票份数,离柜后发生税票丢失责任自负。

企业(业主)财务负责人 签名：
或税务代理负责人

企业(业主)会计主管 签名：
或税务代理主管

填表人签名：

【业务57】

结转损益类账户至"本年利润"账户。

【业务58】

中华人民共和国企业所得税年度纳税申报表(A类)

税款所属期间: 年 月 日至 年 月 日

纳税人名称:

纳税人识别号:□□□□□□□□□□□□□□□□　　金额单位:元(列至角分)

类 别	行 次	项 目	金 额
利润总额计算	1	一、营业收入(填附表一)	
	2	减:营业成本(填附表二)	
	3	营业税金及附加	
	4	销售费用(填附表二)	
	5	管理费用(填附表二)	
	6	财务费用(填附表二)	
	7	资产减值损失	
	8	加:公允价值变动收益	
	9	投资收益	
	10	二、营业利润	
	11	加:营业外收入(填附表一)	
	12	减:营业外支出(填附表二)	
	13	三、利润总额(10 + 11 − 12)	
应纳税所得额计算	14	加:纳税调整增加额(填附表三)	
	15	减:纳税调整减少额(填附表三)	
	16	其中:不征税收入	
	17	免税收入	
	18	减计收入	
	19	减、免税项目所得	
	20	加计扣除	
	21	抵扣应纳税所得额	
	22	加:境外应税所得弥补境内亏损	
	23	纳税调整后所得(13 + 14 − 15 + 22)	
	24	减:弥补以前年度亏损(填附表四)	
	25	应纳税所得额(23 − 24)	
应纳税额计算	26	税率(25%)	
	27	应纳所得税额(25 × 26)	
	28	减:减免所得税额(填附表五)	
	29	减:抵免所得税额(填附表五)	
	30	应纳税额(27 − 28 − 29)	
	31	加:境外所得应纳所得税额(填附表六)	
	32	减:境外所得抵免所得税额(填附表六)	
	33	实际应纳所得税额(30 + 31 − 32)	
	34	减:本年累计实际已预缴的所得税额	
	35	其中:汇总纳税的总机构分摊预缴的税额	
	36	汇总纳税的总机构财政调库预缴的税额	
	37	汇总纳税的总机构所属分支机构分摊的预缴税额	
	38	合并纳税(母子体制)成员企业就地预缴比例	
	39	合并纳税企业就地预缴的所得税额	
	40	本年应补(退)的所得税额(33 − 34)	
附列资料	41	以前年度多缴的所得税额在本年抵减额	
	42	以前年度应缴未缴在本年入库所得税额	

纳税人公章: 经办人 申报日期: 年 月 日	代理申报中介机构公章: 经办人及执业证件号码: 代理申报日期: 年 月 日	主管税务机关受理专用章: 受理人 受理日期: 年 月 日

【业务 59】

按税后利润的 10% 提取法定盈余公积,按剩余利润的 30% 分配投资方 D 公司利润。

【业务 60】

将"本年利润"及"利润分配"有关明细账余额转入"利润分配 – 未分配利润"账户。

【附表3】

利　润　表

会企03表

编制单位：　　　　　　　　　　　　　2011 年　　　　　　　　　　　　　单位:元

项　目	本月金额	本年累计金额
一、营业收入		
减:营业成本		
营业税金及附加		
销售费用		
管理费用		
财务费用(收益以"－"号填列)		
资产减值损失		
加:公允价值变动收益(净损失以"－"号填列)		
投资收益(净损失以"－"号填列)		
二、营业利润(亏损以"－"号填列)		
加:营业外收入		
减:营业外支出		
其中:非流动资产处置损失		
三、利润总额(亏损总额以"－"号填列)		
减:所得税费用		
四、净利润(净亏损以"－"号填列)		
五、每股收益:		
(一)基本每股收益		
(二)稀释每股收益		

【附表4】

现金流量表

会企04表

编制单位: 2011年 单位:元

项 目	本年金额	上年金额
一、经营活动产生的现金流量:		
销售商品、提供劳务收到的现金		
收到的税费返还		
收到其他与经营活动有关的现金		
经营活动现金流入小计		
购买商品、接受劳务支付的现金		
支付给职工以及为职工支付的现金		
支付的各项税费		
支付其他与经营活动有关的现金		
经营活动现金流出小计		
经营活动产生的现金流量净额		
二、投资活动产生的现金流量:		
收回投资收到的现金		
取得投资收益收到的现金		
处置固定资产、无形资产和其他长期资产收回的现金净额		
处置子公司及其他营业单位收到的现金净额		
收到其他与投资活动有关的现金		
投资活动现金流入小计		
购建固定资产、无形资产和其他长期资产支付的现金		
投资支付的现金		
取得子公司及其他营业单位支付的现金净额		
支付其他与投资活动有关的现金		
投资活动现金流出小计		
投资活动产生的现金流量净额		
三、筹资活动产生的现金流量:		
吸收投资收到的现金		
取得借款收到的现金		
收到其他与筹资活动有关的现金		
筹资活动现金流入小计		
偿还债务支付的现金		
分配股利、利润或偿付利息支付的现金		

（续表）

项　　目	本年金额	上年金额
支付其他与筹资活动有关的现金		
筹资活动现金流出小计		
筹资活动产生的现金流量净额		
四、汇率变动对现金的影响		
五、现金及现金等价物净增加额		
加：期初现金及现金等价物余额		
六、期末现金及现金等价物余额		
补　充　资　料	本年金额	上年金额
1. 将净利润调节为经营活动现金流量：		
净利润		
加：资产减值准备		
固定资产折旧、油气资产折耗、生产性生物资产折旧		
无形资产摊销		
长期待摊费用摊销		
处置固定资产、无形资产和其他长期资产的损失（收益以"－"号填列）		
固定资产报废损失（收益以"－"号填列）		
公允价值变动损失（收益以"－"号填列）		
财务费用（收益以"－"号填列）		
投资损失（收益以"－"号填列）		
递延所得税资产减少（增加以"－"号填列）		
递延所得税负债增加（减少以"－"号填列）		
存货的减少（增加以"－"号填列）		
经营性应收项目的减少（增加以"－"号填列）		
经营性应付项目的增加（减少以"－"号填列）		
其他		
经营活动产生的现金流量净额		
2. 不涉及现金收支的重大投资和筹资活动：		
债务转为资本		
一年内到期的可转换公司债券		
融资租入固定资产		
3. 现金及现金等价物净变动情况：		
现金的期末余额		
减：现金的期初余额		
加：现金等价物的期末余额		
减：现金等价物的期初余额		
现金及现金等价物净增加额		

附

会计基础工作规范

(1996 年 6 月 17 日财政部财会字 19 号发布)

第一章　总　　则

第一条　为了加强会计基础工作,建立规范的会计工作秩序,提高会计工作水平,根据《中华人民共和国会计法》的有关规定,制定本规范。

第二条　国家机关、社会团体、企业、事业单位、个体工商户和其他组织的会计基础工作,应当符合本规范的规定。

第三条　各单位应当依据有关法律、法规和本规范的规定,加强会计基础工作,严格执行会计法规制度,保证会计工作依法有序地进行。

第四条　单位领导人对本单位的会计基础工作负有领导责任。

第五条　各省、自治区、直辖市财政厅(局)要加强对会计基础工作的管理和指导,通过政策引导、经验交流、监督检查等措施,促进基层单位加强会计基础工作,不断提高会计工作水平。

国务院各业务主管部门根据职责权限管理本部门的会计基础工作。

第二章　会计机构和会计人员

第一节　会计机构设置和会计人员配备

第六条　各单位应当根据会计业务的需要设置会计机构;不具备单独设置会计机构条件的,应当在有关机构中配人员。

事业行政单位会计机构的设置和会计人员的配备,应当符合国家统一事业行政单位会计制度的规定。

　　设置会计机构,应当配备会计机构负责人;在有关机构中配备专职会计人员,应当在专职会计人员中指定会计主管人员。

　　会计机构负责人、会计主管人员的任免,应当符合《中华人民共和国会计法》和有关法律的规定。

　　第七条　会计机构负责人、会计主管人员应当具备下列基本条件:

　　(一)坚持原则,廉洁奉公;

　　(二)具有会计专业技术资格;

　　(三)主管一个单位或者单位内一个重要方面的财务会计工作时间不少于 2 年;

　　(四)熟悉国家财经法律、法规、规章和方针、政策,掌握本行业业务管理的有关知识;

　　(五)有较强的组织能力;

　　(六)身体状况能够适应本职工作的要求。

　　第八条　没有设置会计机构和配备会计人员的单位,应当根据《代理记账管理暂行办法》委托会计师事务所或者持有代理记账许可证书的其他代理记账机构进行代理记账。

　　第九条　大、中型企业、事业单位、业务主管部门应当根据法律和国家有关规定设置总会计师。总会计师由具有会计师以上专业技术资格的人员担任。

　　总会计师行使《总会计师条例》规定的职责、权限。

　　总会计师的任命(聘任)、免职(解聘)依照《总会计师条例》和有关法律的规定办理。

　　第十条　各单位应当根据会计业务需要配备持有会计证的会计人员。未取得会计证的人员,不得从事会计工作。

　　第十一条　各单位应当根据会计业务需要设置会计工作岗位。

　　会计工作岗位一般可分为:会计机构负责人或者会计主管人员,出纳,财产物资核算,工资核算,成本费用核算;财务成果核算,资金核算,往来结算,总账报表,稽核,档案管理等。开展会计电算化和管理会计的单位,可以根据需要设置相应工作岗位,也可以与其他工作岗位相结合。

　　第十二条　会计工作岗位,可以一人一岗、一人多岗或者一岗多人。但出纳人员不得兼管稽核、会计档案保管和收入、费用、债权债务账目的登记工作。

　　第十三条　会计人员的工作岗位应当有计划地进行轮换。

　　第十四条　会计人员应当具备必要的专业知识和专业技能,熟悉国家有关法律、法规、规章和国家统一会计制度,遵守职业道德。

　　会计人员应当按照国家有关规定参加会计业务的培训。各单位应当合理安排会计人员的培训,保证会计人员每年有一定时间用于学习和参加培训。

第十五条　各单位领导人应当支持会计机构、会计人员依法行使职权;对忠于职守,坚持原则,做出显著成绩的会计机构、会计人员,应当给予精神的和物质的奖励。

第十六条　国家机关、国有企业、事业单位任用会计人员应当实行回避制度。

单位领导人的直系亲属不得担任本单位的会计机构负责人、会计主管人员。会计机构负责人、会计主管人员的直系亲属不得在本单位会计机构中担任出纳工作。

需要回避的直系亲属为:夫妻关系、直系血亲关系、三代以内旁系血亲以及配偶亲关系。

第二节　会计人员职业道德

第十七条　会计人员在会计工作中应当遵守职业道德,树立良好的职业品质、严谨的工作作风,严守工作纪律,努力提高工作效率和工作质量。

第十八条　会计人员应当热爱本职工作,努力钻研业务,使自己的知识和技能适应所从事工作的要求。

第十九条　会计人员应当熟悉财经法律、法规、规章和国家统一会计制度,并结合会计工作进行广泛宣传。

第二十条　会计人员应当按照会计法律、法规和国家统一会计制度规定的程序和要求进行会计工作,保证所提供的会计信息合法、真实、准确、及时、完整。

第二十一条　会计人员办理会计事务应当实事求是、客观公正。

第二十二条　会计人员应当熟悉本单位的生产经营和业务管理情况,运用掌握的会计信息和会计方法,为改善单位内部管理、提高经济效益服务。

第二十三条　会计人员应当保守本单位的商业秘密。除法律规定和单位领导人同意外,不能私自向外界提供或者泄露单位的会计信息。

第二十四条　财政部门、业务主管部门和各单位应当定期检查会计人员遵守职业道德的情况,并作为会计人员晋升、晋级、聘任专业职务、表彰奖励的重要考核依据。

会计人员违反职业道德的,由所在单位进行处罚;情节严重的,由会计证发证机关吊销其会计证。

第三节　会计工作交接

第二十五条　会计人员工作调动或者因故离职,必须将本人所经管的会计工作全部移交给接替人员。没有办清交接手续的,不得调动或者离职。

第二十六条 接替人员应当认真接管移交工作,并继续办理移交的未了事项。

第二十七条 会计人员办理移交手续前,必须及时做好以下工作:

(一)已经受理的经济业务尚未填制会计凭证的,应当填制完毕。

(二)尚未登记的账目,应当登记完毕,并在最后一笔余额后加盖经办人员印章。

(三)整理应该移交的各项资料,对未了事项写出书面材料。

(四)编制移交清册,列明应当移交的会计凭证、会计账簿、会计报表、印章、现金、有价证券、支票簿、发票、文件、其他会计资料和物品等内容;实行会计电算化的单位,从事该项工作的移交人员还应当在移交清册中列明会计软件及密码、会计软件数据磁盘(磁带等)及有关资料、实物等内容。

第二十八条 会计人员办理交接手续,必须有监交人负责监交。一般会计人员交接,由单位会计机构负责人、会计主管人员负责监交;会计机构负责人、会计主管人员交接,由单位领导人负责监交,必要时可由上级主管部门派人会同监交。

第二十九条 移交人员在办理移交时,要按移交清册逐项移交;接替人员要逐项核对点收。

(一)现金、有价证券要根据会计账簿有关记录进行点交。库存现金、有价证券必须与会计账簿记录保持一致。不一致时,移交人员必须限期查清。

(二)会计凭证、会计账簿、会计报表和其他会计资料必须完整无缺。如有短缺,必须查清原因,并在移交清册中注明,由移交人员负责。

(三)银行存款账户余额要与银行对账单核对,如不一致,应当编制银行存款余额调节表调节相符,各种财产物资和债权债务的明细账户余额要与总账有关账户余额核对相符;必要时,要抽查个别账户的余额,与实物核对相符,或者与往来单位、个人核对清楚。

(四)移交人员经管的票据、印章和其他实物等,必须交接清楚;移交人员从事会计电算化工作的,要对有关电子数据在实际操作状态下进行交接。

第三十条 会计机构负责人、会计主管人员移交时,还必须将全部财务会计工作、重大财务收支和会计人员的情况等,向接替人员详细介绍。对需要移交的遗留问题,应当写出书面材料。

第三十一条 交接完毕后,交接双方和监交人员要在移交注册上签名或者盖章,并应在移交注册上注明:单位名称,交接日期,交接双方和监交人员的职务、姓名,移交清册页数以及需要说明的问题和意见等。

移交清册一般应当填制一式三份,交接双方各执一份,存档一份。

第三十二条 接替人员应当继续使用移交的会计账簿,不得自行另立新账,以保持会计记录的连续性。

第三十三条 会计人员临时离职或者因病不能工作且需要接替或者代理的,会计机构负责人、会计主管人员或者单位领导人必须指定有关人员接替或者代理,并办理交接手续。

临时离职或者因病不能工作的会计人员恢复工作的,应当与接替或者代理人员办理交接手续。

移交人员因病或者其他特殊原因不能亲自办理移交的,经单位领导人批准,可由移交人员委托他人代办移交,但委托人应当承担本规范第三十五条规定的责任。

第三十四条 单位撤销时,必须留有必要的会计人员,会同有关人员办理清理工作,编制决算。未移交前,不得离职。接收单位和移交日期由主管部门确定。

单位合并、分立的,其会计工作交接手续比照上述有关规定办理。

第三十五条 移交人员对所移交的会计凭证、会计账簿、会计报表和其他有关资料的合法性、真实性承担法律责任。

第三章 会计核算

第一节 会计核算一般要求

第三十六条 各单位应当按照《中华人民共和国会计法》和国家统一会计制度的规定建立会计账册,进行会计核算,及时提供合法、真实、准确、完整的会计信息。

第三十七条 各单位发生的下列事项,应当及时办理会计手续、进行会计核算:

(一)款项和有价证券的收付;

(二)财物的收发、增减和使用;

(三)债权债务的发生和结算;

(四)资本、基金的增减;

(五)收入、支出、费用、成本的计算;

(六)财务成果的计算和处理;

(七)其他需要办理会计手续、进行会计核算的事项。

第三十八条 各单位的会计核算应当以实际发生的经济业务为依据,按照规定的会计处理方法进行,保证会计指标的口径一致、相互可比和会计处理方法的前后各期相一致。

第三十九条 会计年度自公历 1 月 1 日起至 12 月 31 日止。

第四十条 会计核算以人民币为记账本位币。

收支业务以外国货币为主的单位,也可以选定某种外国货币作为记账本位币,但是编制的会计报表应当折算为人民币反映。

境外单位向国内有关部门编报的会计报表,应当折算为人民币反映。

第四十一条 各单位根据国家统一会计制度的要求,在不影响会计核算要求、会计报表指标汇总和对外统一会计报表的前提下,可以根据实际情况自行设置和使用会计科目。

事业行政单位会计科目的设置和使用,应当符合国家统一事业行政单位会计制度的规定。

第四十二条 会计凭证、会计账簿、会计报表和其他会计资料的内容和要求必须符合国家统一会计制度的规定,不得伪造、变造会计凭证和会计账簿,不得设置账外账,不得报送虚假会计报表。

第四十三条 各单位对外报送的会计报表格式由财政部统一规定。

第四十四条 实行会计电算化的单位,对使用的会计软件及其生成的会计凭证、会计账簿、会计报表和其他会计资料的要求,应当符合财政部关于会计电算化的有关规定。

第四十五条 各单位的会计凭证、会计账簿、会计报表和其他会计资料,应当建立档案,妥善保管。会计档案建档要求、保管期限、销毁办法等依据《会计档案管理办法》的规定进行。

实行会计电算化的单位,有关电子数据、会计软件资料等应当作为会计档案进行管理。

第四十六条 会计记录的文字应当使用中文,少数民族自治地区可以同时使用少数民族文字。中国境内的外商投资企业、外国企业和其他外国经济组织也可以同时使用某种外国文字。

第二节 填制会计凭证

第四十七条 各单位办理本规范第三十七条规定的事项,必须取得或者填制原始凭证,并及时送交会计机构。

第四十八条 原始凭证的基本要求是:

（一）原始凭证的内容必须具备：凭证的名称；填制凭证的日期；填制凭证单位名称或者填制人姓名；经办人员的签名或者盖章；接受凭证单位名称；经济业务内容；数量、单价和金额。

（二）从外单位取得的原始凭证，必须盖有填制单位的公章；从个人取得的原始凭证，必须有填制人员的签名或者盖章。自制原始凭证必须有经办单位领导人或者其指定的人员签名或者盖章。对外开出的原始凭证，必须加盖本单位公章。

（三）凡填有大写和小写金额的原始凭证，大写与小写金额必须相符。购买实物的原始凭证，必须有验收证明。支付款项的原始凭证，必须有收款单位和收款人的收款证明。

（四）一式几联的原始凭证，应当注明各联的用途，只能以一联作为报销凭证。

一式几联的发票和收据，必须用双面复写纸（发票和收据本身具备复写纸功能的除外）套写，并连续编号。作废时应当加盖"作废"戳记，连同存根一起保存，不得撕毁。

（五）发生销货退回的，除填制退货发票外，还必须有退货验收证明；退款时，必须取得对方的收款收据或者汇款银行的凭证，不得以退货发票代替收据。

（六）职工公出借款凭据，必须附在记账凭证之后。收回借款时，应当另开收据或者退还借据副本，不得退还原借款收据。

（七）经上级有关部门批准的经济业务，应当将批准文件作为原始凭证附件；如果批准文件需要单独归档的，应当在凭证上注明批准机关名称、日期和文件字号。

第四十九条　原始凭证不得涂改、挖补。发现原始凭证有错误的，应当由开出单位重开或者更正，更正处应当加盖开出单位的公章。

第五十条　会计机构、会计人员要根据审核无误的原始凭证填制记账凭证。

记账凭证可以分为收款凭证、付款凭证和转账凭证，也可以使用通用记账凭证。

第五十一条　记账凭证的基本要求是：

（一）记账凭证的内容必须具备：填制凭证的日期；凭证编号；经济业务摘要；会计科目；金额；所附原始凭证张数；填制凭证人员、稽核人员、记账人员、会计机构负责人、会计主管人员签名或者盖章。收款和付款记账凭证还应当由出纳人员签名或者盖章。

以自制的原始凭证或者原始凭证汇总表代替记账凭证的，也必须具备记账凭证应有的项目。

（二）填制记账凭证时，应当对记账凭证进行连续编号。一笔经济业务需要填制两张以上记账凭证的，可以采用分数编号法编号。

（三）记账凭证可以根据每一张原始凭证填制，或者根据若干张同类原始凭证汇总填制,也可以根据原始凭证汇总表填制。但不得将不同内容和类别的原始凭证汇总填制在一张记账凭证上。

(四)除结账和更正错误的记账凭证可以不附原始凭证外,其他记账凭证必须附有原始凭证。如果一张原始凭证涉及几张记账凭证,可以把原始凭证附在一张主要的记账凭证后面,并在其他记账凭证上注明附有该原始凭证的记账凭证的编号或者附原始凭证复印件。一张原始凭证所列支出需要几个单位共同负担的,应当将其他单位负担的部分,开给对方原始凭证分割单,进行结算。原始凭证分割单必须具备原始凭证的基本内容:凭证名称、填制凭证日期、填制凭证单位名称或者填制人姓名、经办人的签名或者盖章、接受凭证单位名称、经济业务内容、数量、单价、金额和费用分摊情况等。

(五)如果在填制记账凭证时发生错误,应当重新填制。

已经登记入账的记账凭证,在当年内发现填写错误时,可以用红字填写一张与原内容相同的记账凭证,在摘要栏注明"注销某月某日某号凭证"字样,同时再用蓝字重新填制一张正确的记账凭证,注明"订正某月某日某号凭证"字样。如果会计科目没有错误,只是金额错误,也可以将正确数字与错误数字之间的差额,另编一张调整的记账凭证,调增金额用蓝字,调减金额用红字。发现以前年度记账凭证有错误的,应当用蓝字填制一张更正的记账凭证。

(六)记账凭证填制完经济业务事项后,如有空行,应当自金额栏最后一笔金额数字下的空行处至合计数上的空行处画线注销。

第五十二条 填制会计凭证,字迹必须清晰、工整,并符合下列要求:

(一)阿拉伯数字应当一个一个地写,不得连笔写。阿拉伯金额数字前面应当书写货币市种符号或者货币名称简写和币种符号。币种符号与阿拉伯金额数字之间不得留有空白。凡阿拉伯数字前写有币种符号的,数字后面不再写货币单位。

(二)所有以元为单位(其他货币种类为货币基本单位,下同)的阿拉伯数字,除表示单价等情况外,一律填写到角分;元角分的,角位和分位可写"00",或者符号"——";有角无分的,分位应当写"0",不得用符号"——"代替。

(三)汉字大写数字金额如零、壹、贰、叁、肆、伍、陆、柒、捌、玖、拾、佰、仟、万、亿等,一律用正楷或者行书体书写,不得用0、一、二、三、四、五、六、七、八、九、十等简化字代替,不得任意自造简化字。大写金额数字到元或者角为止的,在"元"或者"角"字之后应当写"整"字或者"正"字;大写金额数字有分的,"分"字后面不写"整"或者"正"字。

(四)大写金额数字前未印有货币名称的,应当加填货币名称,货币名称与金额数字之间不得留有空白。

（五）阿拉伯金额数字中间有"0"时,汉字大写金额要写"零"字;阿拉伯数字金额中间连续有几个"0"时,汉字大写金额中可以只写一个"零"字;阿拉伯金额数字元位是"0",或者数字中间连续有几个"0"、元位也是"0"但角位不是"0"时,汉字大写金额可以只写一个"零"字,也可以不写"零"字。

第五十三条 实行会计电算化的单位,对于机制记账凭证,要认真审核,做到会计科目使用正确,数字准确无误。打印出的机制记账凭证要加盖制单人员、审核人员、记账人员及会计机构负责人、会计主管人员印章或者签字。

第五十四条 各单位会计凭证的传递程序应当科学、合理,具体办法由各单位根据会计业务需要自行规定。

第五十五条 会计机构、会计人员要妥善保管会计凭证。

（一）会计凭证应当及时传递,不得积压。

（二）会计凭证登记完毕后,应当按照分类和编号顺序保管,不得散乱丢失。

（三）记账凭证应当连同所附的原始凭证或者原始凭证汇总表,按照编号顺序,折叠整齐,按期装订成册,并加具封面,注明单位名称、年度、月份和起讫日期、凭证种类、起讫号码,由装订人在装订线封签外签名或者盖章。

对于数量过多的原始凭证,可以单独装订保管,在封面上注明记账凭证日期、编号、种类,同时在记账凭证上注明"附件另订"和原始凭证名称及编号。

各种经济合同、存出保证金收据以及涉外文件等重要原始凭证,应当另编目录,单独登记保管,并在有关的记账凭证和原始凭证上相互注明日期和编号。

（四）原始凭证不得外借,其他单位如因特殊原因需要使用原始凭证时,经本单位会计机构负责人、会计主管人员批准,可以复制。向外单位提供的原始凭证复制件,应当在专设的登记簿上登记,并由提供人员和收取人员共同签名或者盖章。

（五）从外单位取得的原始凭证如有遗失,应当取得原开出单位盖有公章的证明,并注明原来凭证的号码、金额和内容等,由经办单位会计机构负责人、会计主管人员和单位领导人批准后,才能代作原始凭证。如果确实无法取得证明的,如火车、轮船、飞机票等凭证,由当事人写出详细情况,由经办单位会计机构负责人、会计主管人员和单位领导人批准后,代作原始凭证。

第三节　登记会计账簿

第五十六条 各单位应当按照国家统一会计制度的规定和会计业务的需要设置会计

账簿。会计账簿包括总账、明细账、日记账和其他辅助性账簿。

第五十七条 现金日记账和银行存款日记账必须采用订本式账簿。不得用银行对账单或者其他方法代替日记账。

第五十八条 实行会计电算化的单位,用计算机打印的会计账簿必须连续编号,经审核无误后装订成册,并由记账人员和会计机构负责人、会计主管人员签字或者盖章。

第五十九条 启用会计账簿时,应当在账簿封面上写明单位名称和账簿名称。在账簿扉页上应当附启用表,内容包括:启用日期、账簿页数、记账人员和会计机构负责人、会计主管人员姓名,并加盖名章和单位公章。记账人员或者会计机构负责人、会计主管人员调动工作时,应当注明交接日期、接办人员或者监交人员姓名,并由交接双方人员签名或者盖章。

启用订本式账簿,应当从第一页到最后一页顺序编定页数,不得跳页、缺号。使用活页式账页,应当按账户顺序编号,并须定期装订成册。装订后再接实际使用的账页顺序编定页码。另加目录,记明每个账户的名称和页次。

第六十条 会计人员应当根据审核无误的会计凭证登记会计账簿。登记账簿的基本要求是:

(一)登记会计账簿时,应当将会计凭证日期、编号、业务内容摘要、金额和其他有关资料逐项记入账内;做到数字准确、摘要清楚、登记及时、字迹工整。

(二)登记完毕后,要在记账凭证上签名或者盖章,并注明已经登账的符号,表示已经记账。

(三)账簿中书写的文字和数字上面要留有适当空格,不要写满格;一般应占格距的二分之一。

(四)登记账簿要用蓝黑墨水或者碳素墨水书写,不得使用圆珠笔(银行的复写账簿除外)或者铅笔书写。

(五)下列情况,可以用红色墨水记账:

1. 按照红字冲账的记账凭证,冲销错误记录;

2. 在不设借贷等栏的多栏式账页中,登记减少数;

3. 在三栏式账户的余额栏前,如未印明余额方面的,在余额栏内登记负数余额;

4. 根据国家统一会计制度的规定可以用红字登记的其他会计记录。

(六)各种账簿按页次顺序连续登记,不得跳行、隔页。如果发生跳行、隔页,应当将空行、空页画线注销,或者注明"此行空白"、"此页空白"字样,并由记账人员签名或者盖章。

（七）凡需要结出余额的账户,结出余额后。应当在"借或贷"等栏内写明"借"或者"贷"等字样。没有余额的账户,应当在"借或贷"等栏内写"平"字,并在余额栏内用"Q"表示。

现金日记账和银行存款日记账必须逐日结出余额。

（八）每一账页登记完毕结转下页时,应当结出本页合计数及余额,写在本页最后一行和下页第一行有关栏内,并在摘要栏内注明"过次页"和"承前页"字样;也可以将本页合计数及金额只写在下页第一行有关栏内,并在摘要栏内注明"承前页"字样。

对需要结计本月发生额的账户,结计"过次页"的本页合计数应当为自本月初起至本页未止的发生额合计数;对需要结计本年累计发生额的账户,结计"过次页"的本页合计数应当为自年初起至本页未止的累计数;对既不需要结计本月发生额也不需要结计本年累计发生额的账户,可以只将每页未的余额结转次页。

第六十一条　实行会计电算化的单位,总账和明细账应当定期打印。

发生收款和付款业务的,在输入收款凭证和付款凭证的当天必须打印出现金日记账和银行存款日记账,并与库存现金核对无误。

第六十二条　账簿记录发生错误,不准涂改、挖补、刮擦或者用药水消除字迹,不准重新抄写,必须按照下列方法进行更正:

（一）登记账簿时发生错误,应当将错误的文字或者数字画红线注销,但必须使原有字迹仍可辨认;然后在画线上方填写正确的文字或者数字,并由记账人员在更正处盖章。对于错误的数字,应当全部画红线更正,不得只更正其中的错误数字。对于文字错误,可只划去错误的部分。

（二）由于记账凭证错误而使账簿记录发生错误,应当按更正的记账凭证登记账簿。

第六十三条　各单位应当定期对会计账簿记录的有关数字与库存实物、货币资金、有价证券、往来单位或者个人等进行相互核对,保证账证相符、账账相符、账实相符。对账工作每年至少进行一次。

（一）账证核对。核对会计账簿记录与原始凭证、记账凭证的时间、凭证字号、内容、金额是否一致,记账方向是否相符。

（二）账账核对。核对不同会计账簿之间的账簿记录是否相符,包括:总账有关账户的余额核对,总账与明细账核对,总账与日记账核对,会计部门的财产物资明细账与财产物资保管和使用部门的有关明细账核对等。

（三）账实核对。核对会计账簿记录与财产等实有数额是否相符。包括：现金日记账账面余额与现金实际库存数相核对；银行存款日记账账面余额定期与银行对账单相核对；各种财物明细账账面余额与财物实存数额相核对；各种应收、应付款明细账账面余额与有关债务、债权单位或者个人核对等。

第六十四条 各单位应当按照规定定期结账。

（一）结账前，必须将本期内所发生的各项经济业务全部登记入账。

（二）结账时，应当结出每个账户的期末余额。需要结出当月发生额的，应当在摘要栏内注明"本月合计"字样，并在下面通栏画单红线。需要结出本年累计发生额的，应当在摘要栏内注明"本年累计"字样，并在下面通栏画单红线；12月末的"本年累计"就是全年累计发生额。全年累计发生额下面应当通栏画双红线。年度终了结账时，所有总账账户都应当结出全年发生额和年末余额。

（三）年度终了，要把各账户的余额结转到下一会计年度，并在摘要栏注明"结转下年"字样；在下一会计年度新建有关会计账簿的第一行余额栏内填写上年结转的余额，并在摘要栏注明"上年结转"字样。

第四节 编制财务报告

第六十五条 各单位必须按照国家统一会计制度的规定，定期编制财务报告。财务报告包括会计报表及其说明。会计报表包括会计报表主表、会计报表附表、会计报表附注。

第六十六条 各单位对外报送的财务报告应当根据国家统一会计制度规定的格式和要求编制。

单位内部使用的财务报告，其格式和要求由各单位自行规定。

第六十七条 会计报表应当根据登记完整、核对无误的会计账簿记录和其他有关资料编制，做到数字真实、计算准确、内容完整、说明清楚。

任何人不得篡改或者授意、指使、强令他人篡改会计报表的有关数字。

第六十八条 会计报表之间、会计报表各项目之间，凡有对应关系的数字，应当相互一致。本期会计报表与上期会计报表之间有关的数字应当相互衔接。如果不同会计年度会计报表中各项目的内容和核算方法有变更的，应当在年度会计报表中加以说明。

第六十九条 各单位应当按照国家统一会计制度的规定认真编写会计报表附注及其说明，做到项目齐全，内容完整。

第七十条　各单位应当按照国家规定的期限对外报送财务报告。

对外报送的财务报告,应当依次编定页码,加具封面,装订成册,加盖公章。封面上应当注明:单位名称,单位地址,财务报告所属年度、季度、月度,送出日期,并由单位领导人、总会计师、会计机构负责人、会计主管人员签名或者盖章。

单位领导人对财务报告的合法性、真实性负法律责任。

第七十一条　根据法律和国家有关规定应当对财务报告进行审计的,则务报告编制单位应当先行委托注册会计师进行审计,并将注册会计师出具的审计报告随同财务报告按照规定的期限报送有关部门。

第七十二条　如果发现对外报送的财务报告有错误,应当及时办理更正手续。除更正本单位留存的财务报告外,并应同时通知接受财务报告的单位更正。错误较多的,应当重新编报。

第四章　会计监督

第七十三条　各单位的会计机构、会计人员对本单位的经济活动进行会计监督。

第七十四条　会计机构、会计人员进行会计监督的依据是:

(一)财经法律、法规、规章;

(二)会计法律、法规和国家统一会计制度;

(三)各省、自治区、直辖市财政厅(局)和国务院业务主管部门根据《中华人民共和国会计法》和国家统一会计制度制定的具体实施办法或者补充规定;

(四)各单位根据《中华人民共和国会计法》和国家统一会计制度制定的单位内部会计管理制度;

(五)各单位内部的预算、财务计划、经济计划、业务计划。

第七十五条　会计机构、会计人员应当对原始凭证进行审核和监督。对不真实、不合法的原始凭证,不予受理。对弄虚作假、严重违法的原始凭证,在不予受理的同时,应当予以扣留,并及时向单位领导人报告,请求查明原因,追究当事人的责任。

对记载不明确、不完整的原始凭证,予以退回,要求经办人员更正、补充。

第七十六条　会计机构、会计人员对伪造、变造、故意毁灭会计账簿或者账外设账行为,应当制止和纠正;制止和纠正无效的,应当向上级主管单位报告,请求作出处理。

第七十七条　会计机构、会计人员应当对实物、款项进行监督,督促建立并严格执行财产清查制度。发现账簿记录与实物、款项不符时,应当按照国家有关规定进行处理。超出会计机构、会计人员职权范围的,应当立即向本单位领导报告,请求查明原因,作出处理。

第七十八条 会计机构、会计人员对指使、强令编造、篡改财务报告行为,应当制止和纠正;制止和纠正无效的,应当向上级主管单位报告,请求处理。

第七十九条 会计机构、会计人员应当对财务收支进行监督。

(一)对审批手续不全的财务收支,应当退回,要求补充、更正。

(二)对违反规定不纳入单位统一会计核算的财务收支,应当制止和纠正。

(三)对违反国家统一的财政、财务、会计制度规定的财务收支,不予办理。

(四)对认为是违反国家统一的财政、财务、会计制度规定的财务收支,应当制止和纠正;制止和纠正无效的,应当向单位领导人提出书面意见请求处理。

单位领导人应当在接到书面意见起十日内作出书面决定,并对决定承担责任。

(五)对违反国家统一的财政、财务、会计制度规定的财务收支,不予制止和纠正,又不向单位领导人提出书面意见的,也应当承担责任。

(六)对严重违反国家利益和社会公众利益的财务收支,应当向主管单位或者财政、审计、税务机关报告。

第八十条 会计机构、会计人员对违反单位内部会计管理制度的经济活动,应当制止和纠正;制止和纠正无效的,向单位领导人报告,请求处理。

第八十一条 会计机构、会计人员应当对单位制定的预算、财务计划、经济计划、业务计划的执行情况进行监督。

第八十二条 各单位必须依照法律和国家有关规定接受财政、审计、税务等机关的监督,如实提供会计凭证、会计账簿、会计报表和其他会计资料以及有关情况,不得拒绝、隐匿、谎报。

第八十三条 按照法律规定应当委托注册会计师进行审计的单位,应当委托注册会计师进行审计,并配合注册会计师的工作,如实提供会计凭证、会计账簿、会计报表和其他会计资料以及有关情况,不得拒绝、隐匿、谎报;不得示意注册会计师出具不当的审计报告。

第五章 内部会计管理制度

第八十四条 各单位应当根据《中华人民共和国会计法》和国家统一会计制度的规

定,结合单位类型和内容管理的需要,建立健全相应的内部会计管理制度。

第八十五条　各单位制定内部会计管理制度应当遵循下列原则:

(一)应当执行法律、法规和国家统一的财务会计制度。

(二)应当体现本单位的生产经营、业务管理的特点和要求。

(三)应当全面规范本单位的各项会计工作,建立健全会计基础,保证会计工作的有序进行。

(四)应当科学、合理,便于操作和执行。

(五)应当定期检查执行情况。

(六)应当根据管理需要和执行中的问题不断完善。

第八十六条　各单位应当建立内部会计管理体系。主要内容包括:单位领导人、总会计师对会计工作的领导职责;会计部门及其会计机构负责人、会计主管人员的职责、权限;会计部门与其他职能部门的关系;会计核算的组织形式等。

第八十七条　各单位应当建立会计人员岗位责任制度。主要内容包括:会计人员的工作岗位设置;各会计工作岗位的职责和标准;各会计工作岗位的人员和具体分工;会计工作岗位轮换办法;对各会计工作岗位的考核办法。

第八十八条　各单位应当建立账务处理程序制度。主要内容包括:会计科目及其明细科目的设置和使用;会计凭证的格式、审核要求和传递程序;会计核算方法;会计账簿的设置;编制会计报表的种类和要求;单位会计指标体系。

第八十九条　各单位应当建立内部牵制制度。主要内容包括:内部牵制制度的原则;组织分工;出纳岗位的职责和限制条件;有关岗位的职责和权限。

第九十条　各单位应当建立稽核制度。主要内容包括:稽核工作的组织形式和具体分工;稽核工作的职责、权限;审核会计凭证和复核会计账簿、会计报表的方法。

第九十一条　各单位应当建立原始记录管理制度。主要内容包括:原始记录的内容和填制方法;原始记录的格式;原始记录的审核;原始记录填制人的责任;原始记录签署;传递、汇集要求。

第九十二条　各单位应当建立定额管理制度。主要内容包括:定额管理的范围;制定和修订定额的依据、程序和方法;定额的执行;定额考核和奖惩办法等。

第九十三条　各单位应当建立计量验收制度。主要内容包括:计量检测手段和方法;计量验收管理的要求;计量验收人员的责任和奖惩办法。

第九十四条　各单位应当建立财产清查制度。主要内容包括:财产清查的范围;财产清查的组织；财产清查的期限和方法；对财产清查中发现问题的处理办法；对财产管理人员的奖惩办法。

第九十五条 各单位应当建立财务收支审批制度。主要内容包括：财务收支审批人员和审批权限；财务收支审批程序；财务收支审批人员的责任。

第九十六条 实行成本核算的单位应当建立成本核算制度。主要内容包括：成本核算的对象；成本核算的方法和程序；成本、分析等。

第九十七条 各单位应当建立财务会计分析制度。主要内容包括：财务会计分析的主要内容；财务会计分析的基本要求和组织程序；财务会计分析的具体方法；财务会计分析报告的编写要求等。

第六章 附　则

第九十八条 本规范所称国家统一会计制度，是指由财政部制定，或者财政部与国务院有关部门联合制定，或者经财政部审核批准的在全国范围内统一执行的会计规章、准则、办法等规范性文件。

本规范所称会计主管人员，是指不设置会计机构、只在其他机构中设置专职会计人员的单位行使会计机构负责人职权的人员。

本规范第三章第二节和第三节关于填制会计凭证、登记会计账簿的规定，除特别指出外，一般适用于手工记账。实行会计电算化的单位，填制会计凭证和登记会计账簿的有关要求，应当符合财政部关于会计电算化的有关规定。

第九十九条 各省、自治区、直辖市财政厅（局）、国务院各业务主管部门可以根据本规范的原则，结合本地区、本部门的具体情况，制定具体实施办法，报财政部备案。

第一百条 本规范由财政部负责解释、修改。

第一百零一条 本规范自公布之日起实施。1984 年 4 月 24 日财政部发布的《会计人员工作规则》同时废止。

图书在版编目（CIP）数据

会计综合模拟实训/史锐,邓先友主编.—合肥:安徽人民出版社,2012.9

ISBN 978－7－212－05720－6

Ⅰ.①会… Ⅱ.①史…②邓… Ⅲ.①会计学 Ⅳ.①F230

中国版本图书馆 CIP 数据核字(2012)第 211510 号

会计综合模拟实训

史 锐 邓先友 主 编
黄彩虹 吴保薇 副主编

出 版 人:徐 敏 责任印制:董 亮
责任编辑:张 旻 郑世彦 装帧设计:汪 耘

出版发行:时代出版传媒股份有限公司 http://www.press-mart.com

安徽人民出版社 http://www.ahpeople.com

合肥市政务文化新区翡翠路 1118 号出版传媒广场八楼

邮编:230071

营销部电话:0551-63533258 0551-63533292(传真)

印 制:安徽省人民印刷有限公司

(如发现印装质量问题,影响阅读,请与印刷厂商联系调换)

开本:787mm×1092mm 1/16 印张:11.75 字数:210 千

版次:2012 年 9 月第 1 版 2020 年 5 月第 8 次印刷

ISBN 978－7－212－05720－6 定价:28.00 元